YARUJAN BOOKS 06

社会人1年目からの

やる
じゃん。

1歩差がつく

営業㊙セオリー

THE BEST SALES THEORIES
TO PUT YOU A STEP AHEAD

小幡英司

Discover
ディスカヴァー

新人クン、
今日から君、
営業部ね！
Hey!
えっ、僕が営業部?!
話もそんなに
上手じゃないし、
仕事も大変そう…。
うまくやって
いけるかなあ…
Oh!

まあ最初はそう思うよね。けど、じつはおもしろい仕事なんだよ、営業って。これからいろいろ教えてあげるから、ついておいで!
Hahaha
yes!
はいっ　よろしくおねがいしまーす!

はじめに

志望する企業に採用され、新人研修を乗り越えると、いよいよ配属先の発表です。

人事からの通知をドキドキしながら確認すると、配属先はなんと、営業部！

その瞬間、あなたは、こんな感じで友達に連絡をしたのではないでしょうか。


「営業に配属された……マジで人生終わった……」


ちょっと待った！

営業に配属になったからといって、悲観する必要はまったくありません。

いや、むしろ**営業の面白さを知らないのはもったいない！**　ともいえるでしょう。

世間で営業ほど誤解されている仕事はありません。

ドラマや漫画に登場する、見た目のさえない売れない営業マン。あるいは逆に、イケメンでやたらと仕事のできる営業マン。どちらのイメージも、現実の世界とは大きくかけ離れています。

考えてもみてください。

もし、早朝に社長の自宅の前で待ち伏せしていたり、購入するまで土下座して夜中まで居座ったりする営業マンがいたとしたら、まちがいなくその会社はネットで炎上するでしょう。

恋愛ドラマを見て、「こんな話、あるわけないじゃん」と思ったことはありませんか？　それと同じように、ドラマや漫画で描かれる営業のイメージは、営業マンからみたら現実とまったくといっていいほど違うのです。

私は、これまで25年以上営業をやっていますが、**会議室でお客様と怒鳴り合った**

り、土下座したりする営業マンなど見たことがありません。

また、多くの人が営業の仕事を不安に思う理由のひとつに、仕事の幅がありすぎて何をやっているのかわからないことがあります。

というのも営業マンは基本的にひとりで外出するので、会社を出てしまうと何をしているのかわかりません。さらにいえば、営業という仕事は、業種業態、扱う商品、個人向けか法人向けかなどによってやることが大きく変わってきます。

何をやっているのかわかりにくいから、ドラマや漫画のイメージがどんどん強くなっていく……。実は、そんな悪循環がこの仕事にはあるのです。

自分の新人営業マン時代にこんな本があればという思いで前作『営業は準備が9割！』を上辞させていただいてから、8年が経ちました。

当時は、まだ世の中にスマホがない時代でしたが、現代は違います。

誰もがスマホを使って、今の自分や自社に何が必要なのかを、GoogleやQ&Aサイト、クチコミサイトなどでいつでも好きな時間に調べることができるようになりました。言い換えれば、お客様の課題を解決するという営業の仕事のひとつを、スマホに取られてしまったのです。

これにより、営業の仕事も大きく変わりました。

今の時代の営業マンに求められるのは、**そうしたサイトに負けない、「新しい営業力」を身につけること**なのです。

本書は、前作『営業は準備が9割！』のテーマである、「事前に準備をすれば、営業は難しい仕事ではない」という考えをベースにしながら、さらに20代のビジネスマンや学生、特に初めて営業をする多くの人に、営業の面白さとすばらしさを理解していただけるよう、最新の営業手法を織り込んで、再び書き下ろしたものです。

真の営業力を身につけるためには、「理論」を学び、「実践」を積み重ねていくことが大切です。営業の「理論」は、会社で行われる研修で学ぶこともできます。しかし残念なことに、何年も前のテキストをそのまま使い続けていたり、営業研修とは名ばかりで実質は商品説明会を行うだけだったりするのが実情です。

営業を実践で覚えるのは、職人的な世界に似ています。

なぜなら配属先の上司や先輩の営業に同行しながら「見て覚える」しかない一面があるからです。同行して「営業の技を盗め」という上司や先輩も多く存在しますが、熟練の技を「盗め」と言われても簡単にはできないでしょう。そもそも何が営業の技なのか、わからなければ盗みようがないからです。

本書では、すべての営業に共通する「営業の理論」と「実践的なテクニック」を厳選して1冊に凝縮することで、どのような営業にも活用できる教科書に仕上げました。

加えて、営業に必要な基本的な考え方と基本スキルが一通り学べるようになっています。本書を読み終えてから、上司や先輩の営業に同行すると、上司や先輩がどうしてこのような行動をしているか、その理由がわかるようになるでしょう。

また、第1章から第5章まで徐々にステップアップできるようにつくってありますので、スキルを丹念に練習し、最終章までの要素を使いこなせるようになれば、一人前の営業マンとして、現場でもしっかり活躍できるはずです。

「人生オワタ」と嘆く前に、ぜひ何度も繰り返し読んで実践してみてください！

敬遠されがちな営業という仕事ですが、これから営業をはじめる皆さんに、本書を通して、**「営業って実は面白い仕事なんだ！」**と思っていただければ幸いです。

CONTENTS

CHAPTER 2

営業は準備が9割！ 056

CHAPTER 3

CHAPTER 4

営業のNGポイント5つ 176

CHAPTER 5

営業中の「困った！」を解決！　200

CONTENTS

CHAPTER 1

えっ!?
営業の仕事って
こういうこと
だったの?

CHAPTER 1

NUMBER

1

営業のイメージは間違いだらけ！

だめじゃん

「買ってくれるまでは帰りません！」

まずは基礎

「何かお困りのことはありませんか？」

やるじゃん。

「一緒に課題に取り組みましょう！」

あなたの考える営業のイメージは、どんな感じでしょうか。

「お客様から無理を言われても断らない」「受注を取るまでは我慢強い」「いつもぺこぺこしている」……そういったイメージを持っている方も多いはずです。

はっきりいってこれらのイメージは、バブル時代のものです。

大量生産、大量消費。今ほどインターネットも普及しておらず、お客様は「営業マンにすすめられたものを買うのが当たり前」でした。

当時の営業戦略は、とにかく早い者勝ち。競合他社より早く、新しい情報を持っていきさえすれば、どんなに下手な営業マンでも、50件に1件くらいは契約がとれたものです。

企業側も、多少お客様の無理を聞いても押し込んでしまえとか、お客様に売り込むためには何でもやればいい、などといった考え方がまかり通っていました。

あれから25年以上経過しているのですが、未だにこうした現実とはズレた古い営業のイメージだけが残っていて、それがドラマや漫画で描かれ続けています。

これこそが営業にネガティブなイメージを持ってしまう原因のひとつなのです。

時代の変化にあわせて、営業のやり方もどんどん変わってきています。

営業マンが仕事のやり方を変えなければいけない理由は2つ。

ひとつ目は、供給過剰の成熟した市場に変化していることです。お客様は、「営業マンにすすめられたから」といった単純な理由では購入しなくなりました。成熟市場では、バブル時代に主流だった営業マンにできるだけたくさん行動させるといった営業手法はまったく通用しません。

ふたつ目の理由は、インターネットの普及で情報過多になったこと。つまり、これはお客様が何かを買おうと考えたときに自分で調べることのできる情報が圧倒的に増えたということです。こうなるとお客様は自分で課題を解決できるので、従来の課題解決型営業では通用しなくなります。

例えば、営業マンがお客様に「何か必要なものはありませんか？」と聞いても、「今は間に合っているよ。もっとコストが下がる提案なら聞いてもいいかな」といった回答しかされなくなっているのです。

これから活躍できる営業マンとは、**お客様と共存共栄の関係をつくり、一緒になって課題に取り組むことを示せる人間**です。お客様があなたから買う理由、あなたを頼りにする理由――これをつくり出すことができるのが、第一線で活躍できる営業マンなのです。

POINT

お客様があなたから買う理由は何ですか？

NUMBER

2

営業は「判断」が大切

だめじゃん

お客様の機嫌をうかがっている

まずは基礎

お客様の要望をうかがっている

やるじゃん。

お客様の役に立つ機会をうかがっている

営業が敬遠される理由のひとつに「お客様の要望を断らない」というイメージがあります。

しかし結論からいえば、**お客様に言われたことを断ってもいいのです。**営業マンの仕事は、**お客様とのあいだに長期的に良い信頼関係を築き、自社の商品を継続的に購入してもらうこと。**決してお客様のご機嫌をうかがう仕事ではありません。

お客様からしてみれば、要望をしっかり聞き、それに対して「できないことはできない」とはっきりと言ってくれる営業マンのほうが、信頼感があります。

営業マンとして数字が上がっていないときは、納期や仕様など、お客様のどんな要求を聞いてでも受注したいと考えるものです。

しかし、無理にお客様の要求を聞いて品質が悪くなったり、納期が遅れたり、あとで改修が必要になってしまったら、かえってお客様との関係が悪くなってしまうことも考えられます。

世間一般では、営業の仕事はお客様に商品を売り込むことであって、そのためには何でも要望を聞いて、断るなんて出来ないなどと思われているようです。

しかしそこには、「お客様のためになるかどうか」という視点が抜けています。つまり場合によっては、**お互いのためにならないから「売らない」という選択肢もある**ということです。この選択肢があるからこそ、お客様に「信頼関係が構築できそうだ」と理解してもらえます。

実例をあげましょう。私が20年ほど前に、外資系の半導体設計のソフトウェア企業で働いていたときの話です。とある大手企業に新商品を紹介したところ、キーマンの部長に大変気に入っていただきました。

ところが、販売にあたり本社に確認したところ、この新商品は導入後、予想以上にカスタマイズが必要なうえに、開発責任者も力を入れていないことがわかりました。商談を重ねるほどにお客様の期待値はどんどんあがりますが、それに対して本社の対応がどうも良くありません。そこで上司と相談のうえ、先方の部長に「販売できる商品のクオリティではない、ご迷惑をかける可能性が非常に高いので商談を打ち切らせてほしい」と提案し、納得をいただきました。

数千万の商談でしたので営業としては断腸の思いでしたが、**結果的にこの一件でお客様から信頼を得て、お断りした商談以上の受注をいただいた**のです。

仕事には、断ることで、双方にとって良い結果をつくる場合があります。

このことからわかるように、**営業に必要な要素とは「断らないこと」よりも、「判断する能力」**なのです。

POINT

その商品やサービスはお客様のためになりますか？

CHAPTER 1

NUMBER

3

「会社を売りこむ」のが営業マン

だめじゃん

「私はこういう者です」

まずは基礎

「私たちはこういう会社です」

やるじゃん。

「私たちはこういう価値を提供しています」

営業の世界では、「商品を売る前にまず自分を売れ」という言葉がありますが、自分を宣伝し、いくら売ったところで会社の利益にはなりません。**営業マンが売るものは、自社の商品やサービスであることを肝に銘じましょう。**

人が何かを購入しようと考えたときには、まず「信用できる会社かどうか」を判断しています。次に「売っている商品が信頼できるものか」、そして最後に、「売り手が信頼できる人間かどうか」と判断基準が続きます。

あなたも、デパートや量販店で買い物をするときには、「信用できるお店」で、「良い商品」を、「詳しく説明できそうな店員さん」から買いたいはずです。

営業の現場でも同じことが起こっています。最初に自分の会社と商品に興味を持ってもらい、次に何をやっている会社なのかを伝え、そのうえで信頼関係を構築して、初めて商品が売れていくのです。

このことからも、営業マンとして第一にやるべきなのは、安易に「自分を売る」

という行為ではなく、**お客様に「自社が提供する価値」を理解してもらうこと**だということがご理解いただけると思います。

「価値を説明する」というとなんだか難しそうですが、簡単にご説明します。

例えば、自社について説明するとき、「当社は広告代理店でして、紙とＷＥＢの両方のプロモーションを得意としております。主なお客様は通販会社です」と話すのは三流の営業マンです。

一流の営業マンは「当社は、通販業界専門に販促支援を行っている会社です。紙とウェブの両方ができるところが強みです」と話します。

前者の説明ではなぜダメなのでしょうか？

それは、「この会社の価値」を説明しきれていないからです。

具体的に説明すると、「広告代理店」ではなく、「販促支援を行っている会社」と表現することで、扱っているモノではなくお客様に提供する機能を定義して、自分の会社の持つ価値を説明しています。

「広告代理店」と言ってしまうと雑誌やウェブの広告枠を売る会社だと思われますが、「販促支援を行っている」と言えば、売るための施策をいろいろと一緒に考えてくれそうな会社だと認識されるのです。

POINT

あなたの会社が提供する価値を、お客様に伝えていますか？

NUMBER
4

営業って、実は聞く仕事

だめじゃん

気がついたら、自分ばかり話している

まずは基礎

気がついたら、お客様から話している

やるじゃん。

気がついたら、お客様が自社のかかえる課題を話している営業マンにとって重要なスキルのひとつは、お客様のかかえる課題を聞き出すことです。そこで気をつけなくてはいけないのが、話しやすい雰囲気のつくり方。**お客様が話をしているときには積極的に話を聞いていますという姿勢をつくる**のです。

営業は話し上手な人よりも、口下手なタイプのほうがうまくいくといわれています。人と話すのが苦手といったタイプは、会話のエネルギーを、話すことよりも聞くことに使っているというのがその理由です。

新人営業マンにとって、課題を聞き出す質問をするのは難しいものです。そんなときも、お客様の話を聞くときにニコニコしながらうなずくだけで、ずいぶんと話しやすい雰囲気になります。

お客様に気持ちよく話してもらえる、**「好印象を与える聞く姿勢」**を紹介します。

姿勢は…

座ったとき、少し乗り出し気味にする
「話を聞かせてください」という雰囲気を出す
反り返らず、体をまっすぐ正面に向ける

相手に良い印象が残る聞き方

表情は…

背筋を伸ばし、軽くほほ笑む感じで
口角を上げてアゴを引く

①口角を上げる

好印象の第一歩は、明るい顔です。あなたの口元がへの字になっていたら、暗い雰囲気になります。話す側からすれば、商談中に暗い顔をされたら話しにくいものです。また、口角が上がっていると明るい声が出るようになります。電話でアポイントをとるときや商談にのぞむ前に、鏡を見ることでセルフチェックをしましょう。

②体全体をお客様に向ける

これは、お客様の話を真正面から聞きますよという姿勢です。特に気をつけたいのは、つま先。つま先の向きは、心の向きともいいます。お客様は、営業マンのつま先が玄関を向いたとたんに「もう帰りたいんだ」と思うものです。

③姿勢に気をつけ、前傾になる

椅子に座ったときに注意しなくてはいけないのが、背もたれに背をつけないこと。

人の姿勢は、時間がたつほど悪くなっていくものです。それを防ぐためにも、きちんとした姿勢で椅子に座り、体を背もたれにつけない程度に間隔をあけ、乗り出すような感じの前傾姿勢をとります。このとき、アゴを少しだけ引くといいでしょう。この姿勢は、説得の姿勢ともいわれていて、お客様に質問をしたときに答えていただきやすいのです。

POINT

お客様が話しやすい雰囲気をつくっていますか？

CHAPTER 1

NUMBER

5

本物の営業マンは計画的！

だめじゃん

営業に求められるのは訪問件数

まずは基礎

営業に求められるのは行動計画

営業に求められるのは成約率の高さ

やるじゃん。

「訪問件数が足りない！　2倍訪問しろ！」

しばしば、「営業は足で稼げ」と言われます。しかし、ここで考えてみてください。なぜ「訪問件数」を増やすのが良いとされているのでしょうか？

それは、上司からすれば、あなたが訪問した件数でしか営業成果をはかる方法がないからなのです。

中には新人研修の一環として、飛び込み営業で名刺をもらうノルマを課している企業もあるようですが、これは論外ですね。

実は営業においては、訪問件数よりも重要なことがあります。それは、行動計画を立てること。つまり「何をどれだけやればいくら売れるか」が計画できるようになることです。

では、どうやって計画を立てればいいのでしょうか。具体的に見ていきましょう。

①月間販売目標の計算の仕方

年間売上目標をわかりやすくするために、仮に１億２０００万円とします。12ヶ月なのでひとまず12等分します。

１億２０００万円÷12ヶ月＝１０００万円

月によって売上が偏ることもありますが、平均１０００万円の売上をあげればいいということがわかります。

②売る商品やサービスの平均販売金額を確認する

上司や先輩に自社の商品やサービスが平均いくらで売れるかを聞いてみてください。もし平均販売額が２００万円だとすれば、月間に必要な成約件数は、

１０００万円÷２００万円＝５件

毎月５件の契約をとればいいことがわかります。

③月間の商談目標を決める

営業を始めたばかりだと、何件くらい商談すれば成約できるかわからないと思います。つまり、成約率です。上司や先輩にどれくらいなのか聞いてみてください。「5件に1件くらいかな」という回答なら成約率20％です。

5件÷20％＝25件

月間に必要な商談件数は、25件ということになります。

④月間アプローチ目標を決める

アプローチというのは、お客様にアポイントをとることです。商材やリスト、やり方によって違いはありますが、一般的な電話によるアポイントの場合、平均が3％くらいだといわれています。

25件÷3％＝833・3件

月間アプローチ件数は、833件必要ということになります。

⑤1日の行動目標を決める

月に833件の電話アプローチというと気が遠くなりそうですが、これを1日でできる数字に落とし込んでください。月の稼働日を20日として計算してみます。

833件÷20日＝41・6件

41・6×3％＝1・24件

これで、1日に41・6件の電話アプローチと1・24件のアポイントをとればいいことがわかります。さらに1日に必要な商談件数を計算してみましょう。

25件÷20日＝1・25件

⑥実現可能かどうかを検証する

1日に約42件の電話アプローチと1件以上の訪問は、はたして実現可能なのでしょうか。電話アプローチに要する時間を平均5分とすると3時間半かかります。商談に要する時間は、お客様ときちんとした商談をするのであれば、移動時間も含め3時間。あわせて6時間半です。休憩や準備、事務処理などもありますので、なんとか1日で行動可能な作業量におさまりそうです。

ここまで綿密に計画してこそ、営業の数字は達成できるのです。

自分の成約率やアポ率の精度が高くなればなるほど効率も良くなります。アポ率が社内平均より悪いようなら、**リストを見直すか、電話アプローチのトークを修正するなど上司と相談し、腕を磨いていきましょう。**

POINT

売上目標から逆算して行動計画を立てていますか？

NUMBER

6

営業力って何？

だめじゃん

自分の得意不得意が、そもそもよくわからない

まずは基礎

自分の得意不得意は上司や先輩に指導してもらう

やるじゃん。

自分の得意不得意は自分で磨くことができる

「営業力を磨け」「営業力を上げろ」と、特に新人営業マンのうちは上司に言われがちです。では、具体的に「営業力」とはどういったものなのでしょうか。

営業力は大きく**【行動力】【情報力】【提案力】【関係力】**の4つに分解することができます。

【行動力】とは、お客様にアポイントをとる、提案書をつくる、営業の結果を報告する、トラブルにあったら上司に相談するなど、**営業の業務を遂行する力**です。

【情報力】とは、お客様から課題を聞く、新聞やウェブでお客様の情報や業界動向を調べる、自社や他社の商品やサービスを比較してまとめる力など、**営業活動に必要とされる情報を収集し、まとめて分析する力**です。

【提案力】とは、**お客様がかかえる課題に対する解決策を提案する力**です。お客様が自社の商品やサービスを使うことで得られる価値、お客様にとってのメリットを伝え、そしてそれを実現可能な価格の提示ができることまでが求められます。

営業力とは

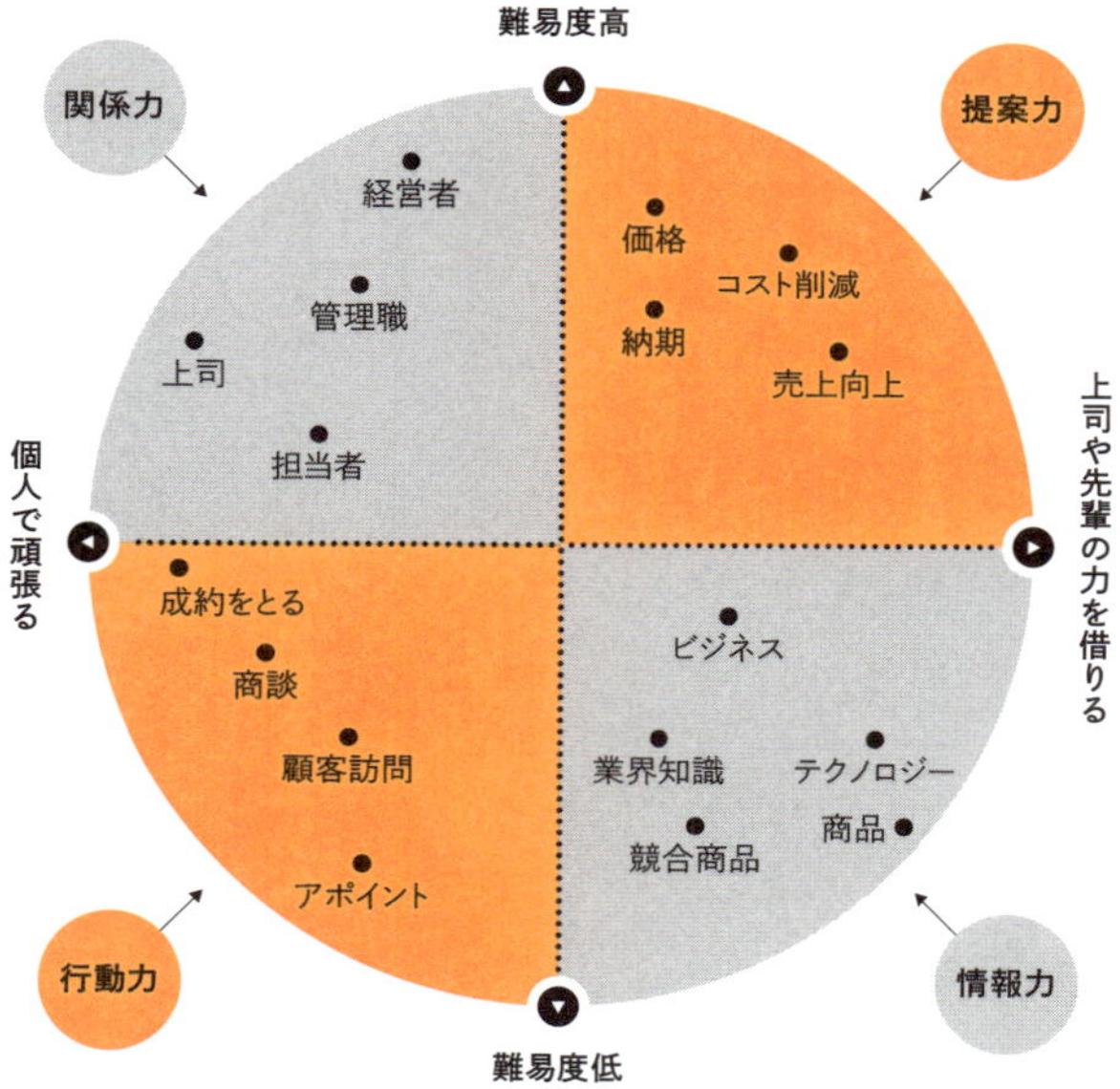

営業力とは「行動力」「情報力」「提案力」「関係力」の
４つの力で構成されている！

【関係力】とは、**取引先の担当者やその上司、経営者と良い関係を構築する力**です。同時に社内の上司、先輩、同僚、他部門の人とも良い関係づくりを忘れずに。

いずれの業務上の能力も、この4つのチカラの組み合わせです。**営業力をあげるためには、とにかく実践**して、ひとつひとつ力をつけていきましょう。

POINT

自分の得意なところ、不得意なところがわかっていますか？

NUMBER

7

トップ8%の営業マンがやっていること

だめじゃん

断られたら、あきらめる

まずは基礎

断られたら、その理由を先方に聞き、次回の提案につなげる

やるじゃん。

何度断られても、つねにニーズとチャンスを探っている

トップ営業マンは、だいたい全体で8％といわれています。

その8％の営業マンがやっていること、それはたくさん断られることです。意外ですが、**トップ営業マンほどお客様にたくさん断られているのです。**

ここに、100人の営業マンがいたとしましょう。

44人が、1回断られたら二度と訪問しない、あきらめの早い営業マンです。

22人が、2回目まで訪問する、まあまあ普通の営業マンです。

14人が、3回目までチャレンジする、デキる営業マンです。新たな商談のチャンスをつかむために、繰り返し訪問しています。

12人が、4回目の訪問もいとわない、トップ営業マンです。断られることがあっても、お客様との良好な関係ができています。

8人が、**何回断られようが関係なく訪問し続けることができる、真のトップ営業マン**です。

ここまで読んでお気づきと思われますが、実は、トップの営業マンと、その他の営業マンの差は、「断られても再訪し続けるのか」という一点のみです。ただし、デキる営業マンは「断られ方」が違うのです。

もしあなたがトップ営業マンを目指すなら、**失注したときは、なぜ今回の商談では選ばれなかったかを聞いてみること**をおすすめします。

お客様が購入に至らなかったのは、なぜでしょうか。

勇気を出して聞けば、「予算がない」「買ったばかり」「他の会社から買う」などさまざまな原因を知ることができるでしょう。ここで重要なことは、「次回は、もっと良い提案をします」と言って継続的なコンタクトができるかどうかです。

言い換えれば、**トップの営業マンとは、断られてもそのたびに理由を見つけ、成長の素材とすることができる人間である、**ともいえるでしょう。

私が、某大手電機メーカーを担当していたときの話です。そこには、競合他社の牙城で自社商品がまったく入っていない部門がありました。その部門の担当者は、業界でも有名なキーマンなのですが、前任の時代からアプローチを続けても、なかなか購入には至りませんでした。

私が担当になってからも、提案の機会をうかがうため訪問を続けていました。あるとき、この担当者から「一度、御社にうかがってデモを見たい」と言われたのです。

このことがきっかけで、まとまった購入になりました。購入後に話をうかがったところ、「必要なときに良いタイミングで提案があれば、当然買いますよ」とおっしゃっていただいたのです。

POINT

断られたときもめげずに、その理由を客観的に分析できていますか？

CHAPTER 1

NUMBER

8

営業は「新しい常識」をつくる仕事！

だめじゃん

お客様が求めているのは、ドリルである

まずは基礎

お客様が求めているのは、穴のあいた板である

やるじゃん。

お客様が求めているのは、まったく新しい常識である

ここで、ある話をご紹介しましょう。

あるお父さんが、子どもの本箱をつくるのに必要なドリルを買いに行きました。

最初の店の店員は、ドリルを何に使うのか聞いてきました。

「初めてお使いになるなら、こちらが使いやすいでしょう」と、手頃な価格の商品をすすめてきました。

説明も丁寧で商品も悪くなかったので、すぐに買おうか迷いましたが、もっと見てから決めようと、別の店に行くことにしました。

次の店の店員は、用途以外にもいろいろと尋ねてきました。

「必要なものはドリルではなく、穴のあいた板ですね。穴は当店で開けてさしあげますので、板をお買い求めください」と板のコーナーに案内されました。

穴のあいた板を買ってしまえば、確かに用は足りるのですが、何か物足りなかったので、お父さんはさらに別の店に向かいました。

3軒目の店員もいろいろと質問をしてきました。その中で子どものために使うことを話したところ、「**週末に工作教室を開いているので、親子で参加されてはいかがでしょう。工具の使い方もお教えしますよ**」と言って、工作教室のチラシを手渡してきました。

するとどうでしょう。

なんと、このお父さんは、その場で工作教室に申し込んだのです。

そればかりか、何度か通ううちに最初の予算よりも高い道具まで買いそろえてしまいました。

最初の店員は、従来型の商品営業です。お父さんのニーズを聞いて、最適な機能の商品をすすめています。しかし、お父さんの抱えている課題の本質に訴求できていないので、同じ機能なら値段の安いところがいいと思われてしまい、販売機会を逃しています。

次の店員は、課題解決営業です。課題を聞き出し、「穴のあいた板」を売るという解決策を提示していますが、残念ながら購入されませんでした。理由は、彼が課題に対する答えを探すだけで、お父さんの本当の気持ちをくみとれなかったから。もっといえば、お父さんが穴のあいた板を必要としていたのは事実ですが、この場合、「穴のあいた板」は彼にとって最もニーズから遠いものだったのです。

3軒目の店員は、まったく新しい常識を提案しています。
彼はお父さんの日曜大工に隠れたニーズ、「子どもにドリルをかっこよく使うところを見せたい」という本音を見逃しませんでした。彼は「ドリルを買いに来た」お父さんすら気づくことができない裏のニーズを予測し、あらかじめ用意していた工作教室に誘導しています。

これからの営業は、**顧客の隠れた本音を見つけて、それを解決する「新しい常識」を提案できるか**が重要となってきます。

ネットで調べれば答えが見つかるような解決法ではなく、3軒目の店員のように、現場でしか知ることができないニーズを発見し、その解決法を提示することこそが、これからの営業マンに求められているのです。

もちろん、そうしたニーズをひとりで見つけるのは簡単なことではありません。まずは営業会議や立ち話でもいいので、上司や社内の別部署の同僚などに聞いてみましょう。

POINT

お客様の隠された本音が何か、つねに考え続けていますか？

CONTENTS

NUMBER 1 → NUMBER 11

CHAPTER 2

営業は準備が9割！

CHAPTER 2

NUMBER

1

営業マンのカバンの中身

だめじゃん

あれもこれも入れたのに肝心な名刺がない…

まずは基礎

「3種の神器」は必ず持参

やるじゃん。

訪問先に合わせて営業アイテムを持参

スマートフォンの登場により、営業マンのカバンの中身は大きく変わりました。取引先までの道のりを示す地図や電車の乗換案内、1日の行動を管理するスケジュール帳、お客様の連絡先やメール、商談管理などが、ひとつのスマートフォンに収まり、なおかついつでも入力・確認できるようになったのです。

しかし、どんなに時代が変わっても、営業マンには必ず持ち歩かなくてはならない「3種の神器」があります。

＊営業3種の神器とは？

まずは、営業マン必携アイテムの名刺。これを忘れると大変な失礼にあたりますので、予備も含めてカバンに必ず入れておきましょう。予備の名刺は、安いもので構いません。

ただし、**絶対に財布に入れないこと。**財布の中で、しわが寄ったりよれたりしてしまう可能性がありますし、そもそも名刺をお財布からとり出してお渡しするのは、お客様に対して失礼にあたるからです。

次に必要なのは、商談をメモするノートと筆記具。

最近は、商談内容をパソコンに入力する営業マンもいるようですが、キーボード入力をしていると、お客様の話を聞き漏らすことがあるのでおすすめしません。ノートはＡ５サイズ、筆記具は3色ボールペンがベストです。黒が議事録、青が重要事項、赤が宿題事項など、マイルールを決めてノートに記入しましょう。

また、**予備のペンも1本カバンに忍ばせておくとよい**でしょう。

自分が忘れた場合はもちろん、商談に筆記具を忘れたお客様にお渡しするのにも役立ちます。会社のノベルティのボールペンや安いものが、受けとる方も気兼ねしなくていいでしょう。

そして、３つ目が営業ツール。

これについては、実はこれといった決まりがありません。業種によっては、商品の実物や試供品などいろいろ活用できるでしょう。

初回の訪問では一般的に、アプローチブック、Ａ４のＯＡ用紙、会社案内、商品カタログを持っていくのが無難なところですが、業種によって必須のアイテムも違うので、**上司などに聞いてみましょう。**

先ほどあげたアプローチブックはお客様からニーズを聞き出すため、ＯＡ用紙は対面で商談を行うときに追加・補足の説明を書くために使います。

追加・補足の説明を書いたメモは、会社案内やカタログと一緒にクリアファイルに入れてお渡しすると、後でお客様が見返すときに役立つでしょう。

アプローチブックについては88ページで詳しく解説いたします。

3種の神器

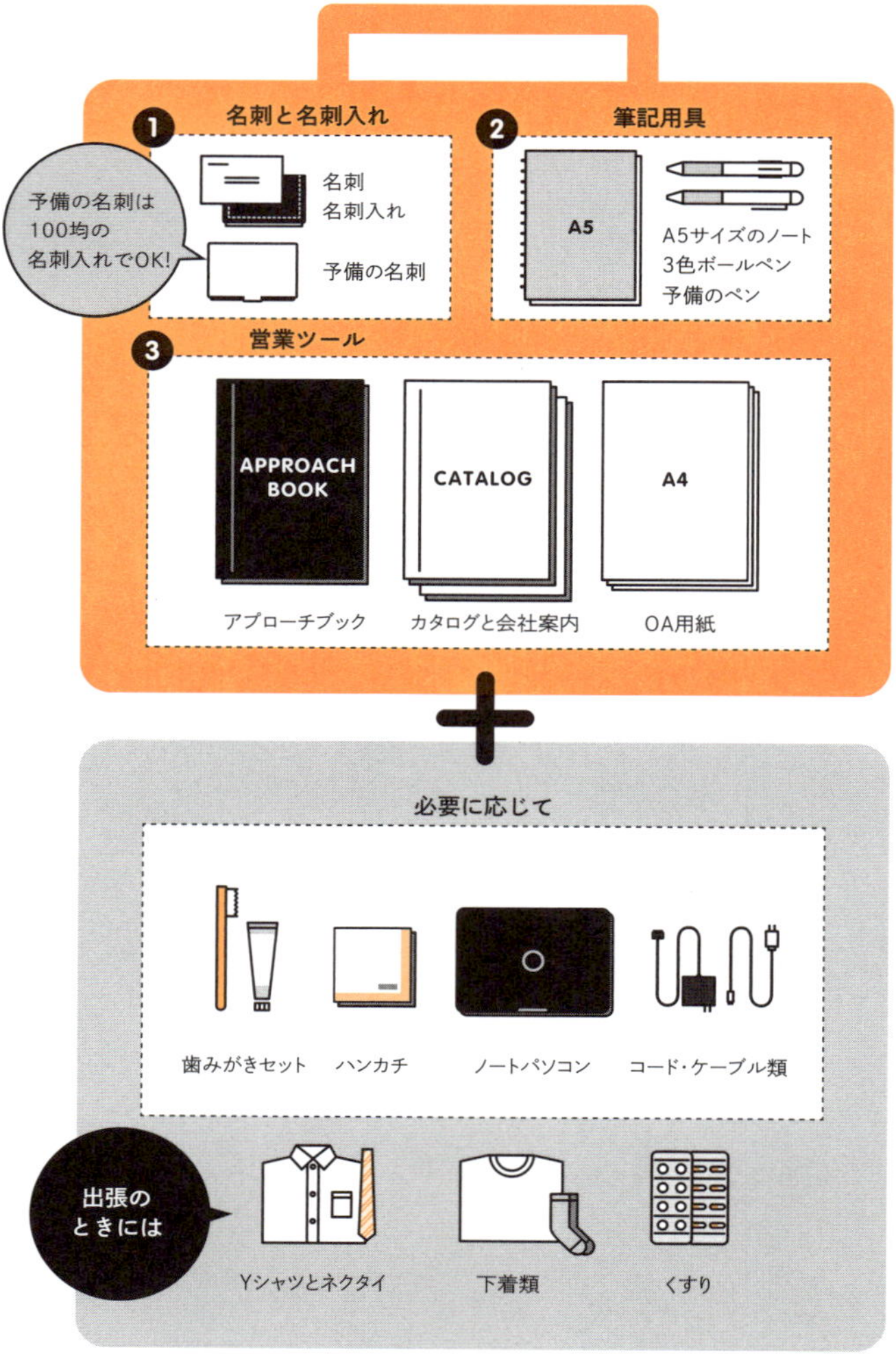

1 名刺と名刺入れ
名刺
名刺入れ
予備の名刺
予備の名刺は100均の名刺入れでOK!
2 筆記用具
A5
A5サイズのノート
3色ボールペン
予備のペン
3 営業ツール
APPROACH BOOK
アプローチブック
CATALOG
カタログと会社案内
A4
OA用紙
必要に応じて
歯みがきセット
ハンカチ
ノートパソコン
コード・ケーブル類
出張のときには
Yシャツとネクタイ
下着類
くすり

＊ その他必要なもの

他には、歯みがきセット、ハンカチなど、エチケットとして必要なものを入れておくのも忘れずに。出先で必要があればノートパソコンや電源ケーブルも入れておいてください。

とはいえ、何でもかんでも持ち歩くのはスマートとはいえません。

これらの基本を踏まえ、**訪問件数や出張などＴＰＯにあわせて、必要なものだけを持ち歩きましょう**。

POINT

出張前・訪問前に、必要なものが入っているか確認してますか？

CHAPTER 2

NUMBER

2

営業マンは服装が命！

だめじゃん

自分らしい、自由なスタイル

まずは基礎

社会人らしい、清潔で信頼感のあるスタイル

やるじゃん。

自社のイメージを体現する、オリジナルのスタイル

営業マンの第一印象を決めるのは、なんといっても清潔感のある服装です。服装も営業ツールだと考えて、業界にあわせたスーツ、靴、そしてヘアスタイルで好印象を与えることが重要です。

例えば、銀行マンが取引先に訪問するのに派手な服装をしていれば、それだけで営業マンとしての信頼感がそこなわれることだってあるのです。

ＩＴベンチャーなら行動的でトレンドをおさえた服装、銀行なら落ち着いた濃紺系のスーツなど、業種業態によって仕事のイメージを伝える服装は異なります。

どんな服装がよいのかわからなければ、仕事ができて取引先からも信頼されている上司や先輩の服装を真似るのもひとつの方法です。

そうしてある程度服装のイメージがつかめたら、それにあわせてオーダースーツをつくるのがおすすめです。

「既製品を買えばいいじゃん」と思うかもしれませんが、ウエストのサイズや袖丈などを既製品のスーツをベースに直してもらうと、どうしてもスーツ全体のバランスが崩れ、見た目が悪くなってしまいがちです。

その点、オーダースーツなら最初から自分の体にあったものになりますので、見た目もすっきりとしたイメージになります。

また、多くの人はオーダースーツに高級なイメージを持っているようですが、**実はそれほど高いものではありません。**

量販店の就活スーツの標準的な価格は2万円前後ですが、同じ予算でオーダースーツが注文できるところもあります。**都民共済や県民共済のオーダースーツは、なんと1万5千円くらいからつくれます。**

体のサイズにあわないブランド物の高級なスーツを買うより、**体にあったスーツをつくれば長く使えますし、結果的にはお得**です。

人と接する機会が多い営業マンだからこそ、服装には気をつかい、つねに清潔で自社のイメージを体現するようなスタイルを心がけましょう。そうすれば、自ずと社内外から信頼される存在になれます。

服装の基本についてもっと詳しく学びたい場合は、本書の姉妹書である「やるじゃん。」ブックス05『ビジネス着こなしの教科書』を参考に。

POINT

体にあった、清潔感のある服装をしていますか？

CHAPTER 2

NUMBER

3

営業の「流れ」を知ろう

だめじゃん

やるべきことは、訪問してから考える

まずは基礎

やるべきことは、訪問前に上司と相談して考える

やるべきことは、行動計画を立てた時点で頭に入っている

やるじゃん。

準備を完璧にこなせば、あなたの営業は大きくグレードアップします。

まずは営業のプロセスについて見ていきましょう。一般的には、**①営業の計画を立てる、②電話でアポイントをとる、③お客様を訪問する、④ヒアリングした内容をもとに提案する、⑤クロージングする、⑥受注／失注する、⑦フォローする……**というかたちになります。

上司は、あなたの商談が今どのプロセスにあるのかをつねに知ろうとしています。そこで、あなたは、上司に今アポイントが何件とれていて、訪問が何件できたという進捗を報告しなくてはなりません。なぜなら、あなたの報告を受けて上司は状況を確認し、同行した方がよいかといったことを判断したりするからです。

図にすると、このような一連の流れになっています。

営業のサイクル

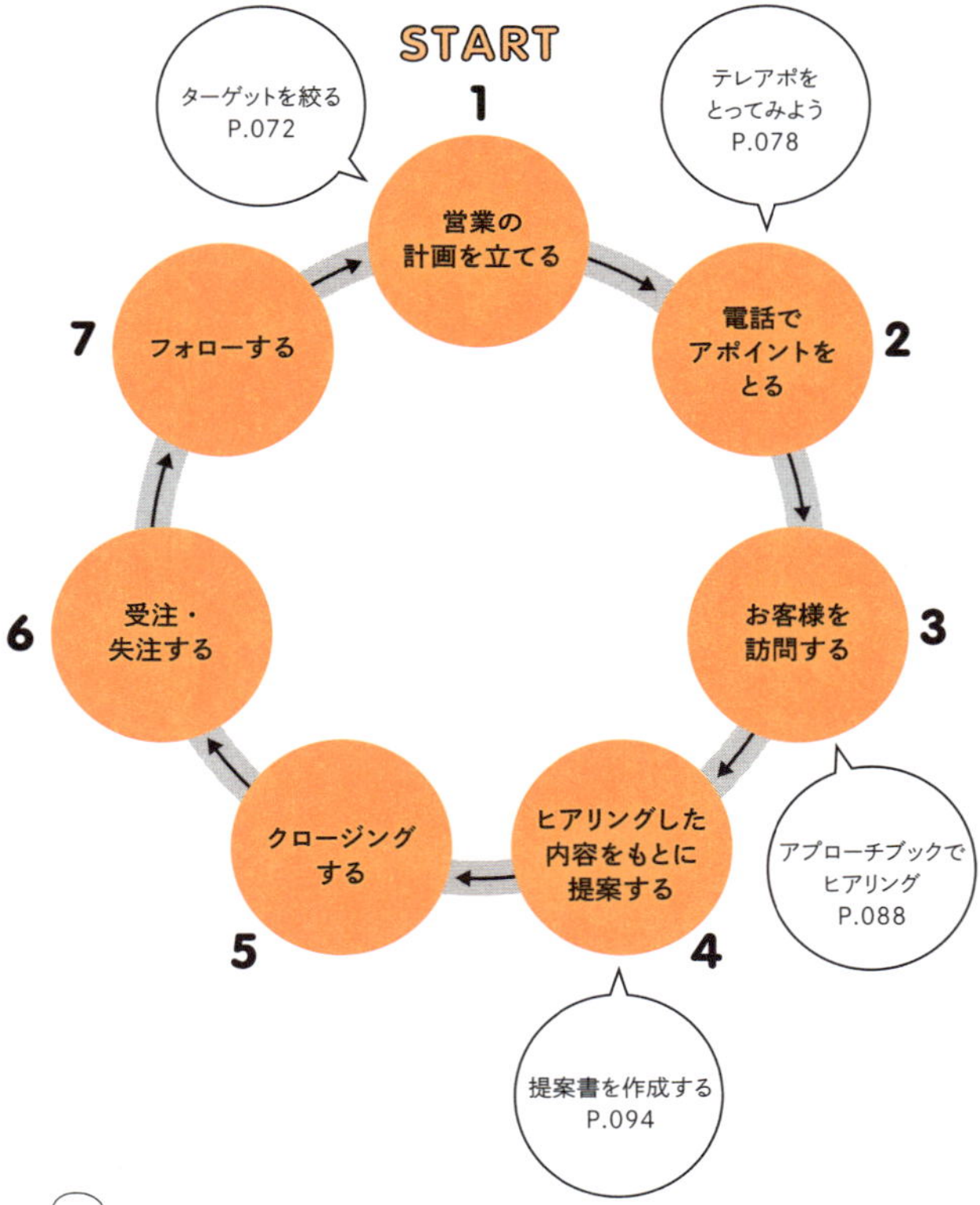

営業の仕事は「直線」ではなく「輪」のイメージ。
繰り返すことで結果が上向きになるよう進めよう！

失注したら、お客様に提案できるものを再度計画し、受注したら取引を増やすための計画を考える。特に受注した場合は、受注前に比べるとサイクルが早く回るようになりますので、案件数と金額が倍々で上がっていくように業務が進むのが理想です。

新人が最初から既存客を任せてもらえることは少ないですが、自分で開拓したお客様ができ、受注が続くと、上昇気流にのった感じを味わえることでしょう。

次項より、このプロセスを正確に達成するための準備の仕方を解説します。

POINT

あなたの商談が今どのプロセスにあるのか、わかっていますか？

NUMBER

4

ターゲットを絞ってみよう

だめじゃん

営業をかける先は、手あたり次第

まずは基礎

営業をかける先は、自社のリストを参照して決める

やるじゃん。

営業をかける先は、狙った業界のトップ企業

営業計画を立てるにあたって、まず必要なのが「ターゲティング」です。ターゲティングとは「アプローチするお客様を絞りこむ」こと。**そこで必要となるのは、「何を」「誰に」「なぜ」売るのかを考える作業**です。


例えば、あなたが自社のAという設計ソフトの営業を仕掛けるとします。

まず「**何を**」は自社の商品やサービスですから、これは明確ですね。

そして「**誰に**」を決めましょう。

ここで考えるべき重要な要素は、「**なぜ**」です。

これからターゲットとなるお客様は「なぜ」あなたの会社の商品を買うのか。

すでに導入済みのお客様なら「なぜ」あなたの会社の商品を買ったのか。

これがわかると、どの業種、業界にアプローチをかけていけばいいかが明確になります。

つまり、ここで先ほど考えた「**なぜ」を持っている会社を探す**のです。もし会社内ですでに完成されたリストがあるのでしたら、その中から自社の商品やサービスが役に立ちそうなお客様に絞りこみます。

３つの項目をまとめると、次の形になります。

「何を」……自社のAという設計ソフトを
「誰に」……自動車部品メーカーの設計者に
「なぜ」……品質を変えずに設計期間を短くするために

＊ ターゲットリストをつくってみよう

もしリストがなければ、「ターゲットリスト」をつくるところから始める必要があります。**ターゲットリストとは、自分の営業先となりうる企業をまとめたリスト**

です。

まず、おおまかな業種、業界を決めます。もしどの業界でも売れる商品・サービスであっても、まずはターゲットとする業界をどこかひとつ決めましょう。なぜなら、**そのほうが営業の知識が蓄積しやすいから**です。似たような特性のお客様にアプローチしつづけることで、自分の営業トークの修正がしやすいですし、**業界特有の課題も浮かび上がってきます。**

ターゲットをどこにしたらよいかわからない場合は、直感的にいけそうな業界を決め、実際に営業をしながら修正してください。

ターゲットが決まったら、攻略する企業を大手からリストアップしていきます。リストに載るのは当然同じ業界なので、常に業界共通の攻略方法を意識できるようになります。

ポイントは、業界のトップ企業から攻めることです。ボウリングでストライクをとるためにはセンターピンを狙うのと同じように、**業界のトップ企業を攻めると、必ず下位の企業にも影響する情報や経験が得られます。**

トップ企業が相手だと、すぐに商品が売れることはなかなかありませんが、それでも他の取引先を訪問した際に「業界最大手営業に行っている」とセールストークに使えるのは大きな強みとなるでしょう。

さらに関係の枝葉を広げれば、業界ごとのつながりから得られる情報もあるかもしれませんし、受注にこぎつけることができれば、「業界最大手のあの会社も使っている」という成功事例を手に入れられるかもしれません。

大手企業を相手にするのは難しいと思うかもしれません。しかし新人であれば、**業界のトップ企業に営業をかけたという経験から多くの学びを得られます。**どんな結果であったとしても、それは大きな自信につながるでしょう。

自社の商品やサービスの特性をよく考えてターゲットリストを絞ると、アポ率がなんと、約4倍の12・3％になったという話があります。

新人営業マンでも、できる限り**細かくターゲットを絞って準備すれば、営業の成功率を大きく上げることが可能**です。

POINT

「何を」「誰に」「なぜ」売るのか、つねに考えていますか？

CHAPTER 2

NUMBER

5

テレアポをとってみよう

だめじゃん

相手が電話に出てから、トークの内容を考える

まずは基礎

電話をかける前に、トークの内容を準備している

やるじゃん。

電話をかけるたびに、トークの内容が磨かれている

新規開拓といえば電話によるアポイント。いわゆるテレアポです。

テレアポで重要なのは、トークスクリプトを準備することです。実際に営業に入る前に、トークスクリプトについて学びましょう。

トークスクリプトとは、電話の際のシナリオのようなもの。

重要なことは、ひとつの文章を25秒以内にまとめることです。

①受付につながったときの会話

「○○株式会社のオバタです。情報システムでインフラを担当している方をお願いいたします」

「(要件を聞かれた場合)私どもでは○○というシステムを開発しておりまして、本日はその件でご連絡差し上げました」

②担当者に取り次いでいただけたときの会話

「○○株式会社のオバタです。私ども○○というシステムを開発しておりまして、本日はその件でご連絡差し上げました。（簡潔に商品の簡単な説明を行う）よろしければ、詳しいお話をさせていただきたいのですが、○月○日か、○日の○時頃は社内にいらっしゃいますか」

③受付でお断りをいただいたときの会話

「承知いたしました。では、ご参考までに資料だけお送りしたいのですが、どの部署のどなた様宛にお送りすればよろしいですか」

④担当者が不在だと言われたときの会話

「ありがとうございます。では、改めてお電話いたします。どなた様宛に何時頃、ご連絡したらよろしいですか」

⑤アポを獲得したときの会話

「ありがとうございます。では、〇月〇日の〇時におうかがいいたします。お訪ねする際のご住所ですが、（住所）でよろしいですか。〇〇部の〇〇様宛で、受付からご連絡いたします。万が一、急なご予定の変更があったときのために私の携帯電話の番号をお知らせしておきます」

⑥本人にお断りされたときの会話

「承知いたしました。では、ご参考までに資料をお送りしたいので、部署名とフルネームでお名前をうかがってもよろしいですか」

最後に電話を切る前にお礼を言います。

「ご丁寧に対応いただき、ありがとうございました」

トークスクリプト

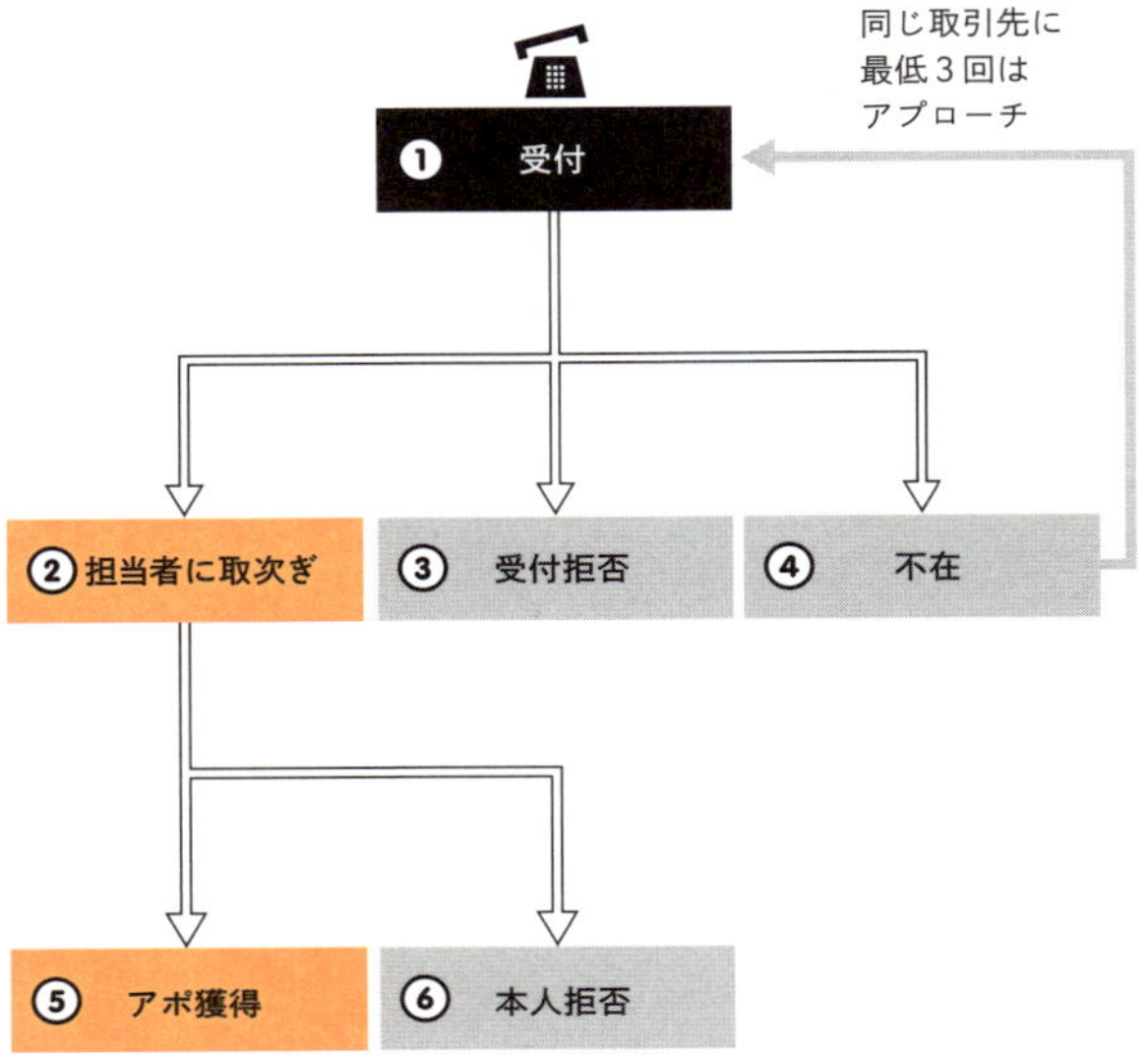

綿密なスクリプトを作成して、アポイントの精度を高めよう！

このとき、受話器を置く音を鳴らさないよう、フックを指で押して切りましょう。

電話によるアポイントの獲得率は、だいたい3％です。

このアポ率は、リストやスクリプト、電話をかける曜日や時間で大きく変わります。アポイントのとれないスクリプトは改善しましょう。

断られたら、期間をしばらくあけて再度アプローチするのもひとつの方法です。担当者の部署異動や退職などによって、新しい担当者にアポイントがとれることがあるからです。

POINT

アポ率の高い上司や先輩のトークスクリプトを研究していますか？

CHAPTER 2

NUMBER

6

ヒアリングは10の「不」から!

だめじゃん

お客様から話を引き出せない

まずは基礎

お客様に困っていることを聞く

やるじゃん。

お客様が自分から課題を話してくれる

アポイントがとれたら、次はヒアリングの準備です。

新人が営業で一番難しいと感じるのが、お客様のかかえている課題を聞き出すことでしょう。

そして、ここでよくあるのが、「何かお困りのことがありませんか」と質問してしまうこと。間違いではありませんが、お客様からすると、具体的でない質問は、とても答えにくいものなのです。

では、どうすればヒアリングがうまくいくのでしょうか？

具体的に悩みを聞き出すには、あらかじめいい質問を用意しておくことが必要です。お客様が困っていること、**課題に思っていることを具体化させるには「課題を聞き出す10個の不」というものを使います。**

【不足】業務で足りないもの、十分でないもの

【不便】業務で便利でないもの、使い勝手が悪いもの

【不備】業務で十分に備えていない、整っていないもの
【不都合】業務上、都合が悪いこと。具合が悪いもの
【不合理】業務で道理や理屈にかなっていないこと
【不安】業務で心配に思ったり、恐怖を感じていること
【不満】業務で満足できないもの、あきたりないこと
【不信】業務で信用できないこと
【不振】業績などがふるわないこと
【不経済】費用・労力などにむだが多いこと

この「不」を使って具体的な質問をつくっておきましょう。

例えば、「不足」の場合、「どこの会社でも、みなさん人手不足で困っているという話ばかりうかがいます。御社では人材が不足している部門はありますか」といった質問を2、3個用意しておくのです。

ただし、質問するときは、尋問のようにしつこく聞かないこと。お客様からしてみれば、初めて会った営業マンにすべてを話す必要はないのですから。

お客様と良好な関係ができてくると、お客様からいろいろと相談される機会が増えてきます。

「おたくの会社でこんなことできないかなぁ」とお客様に言われたらチャンスです。「弊社ではできません」と答えず、持ち帰って上司に報告すると伝えましょう。社内で検討して商品化やサービスとして提供できる可能性があります。

こうしたお客様の要望をリサーチするのも営業マンの仕事のひとつなのです。

POINT

お客様が自ら課題を話してくれていますか？

CHAPTER 2

NUMBER

7

アプローチブックをつくってみよう

だめじゃん

アプローチブックを会社紹介に使う

まずは基礎

アプローチブックをコミュニケーションに使う

やるじゃん。

アプローチブックを提案書の素材にできる

初回商談にうかがう際は、いきなり「この商品買ってください！」と言うのも、ただ商品説明をするだけでもいけません。必ずアプローチブックを使ってヒアリングをしてください。

アプローチブックとは、提案に必要な要素をお客様から聞き出すためのヒアリング用シートです。これを使うことで初回商談後につくる、本番の提案書の精度を大きく上げることができます。

アプローチブックを見せながら会話をしていくことで、お客様のかかえるたくさんの「不」を聞き出すことができますので、まるでオーダーメイドのスーツのような、お客様にぴったりの提案書をつくることができます。

アプローチブックは、次のような構成でつくるとよいでしょう。

初めての営業の場合、書けないところは先輩に聞いてみるのもいい手です。

この6つのステップの中で、お客様から課題を聞き出そう！

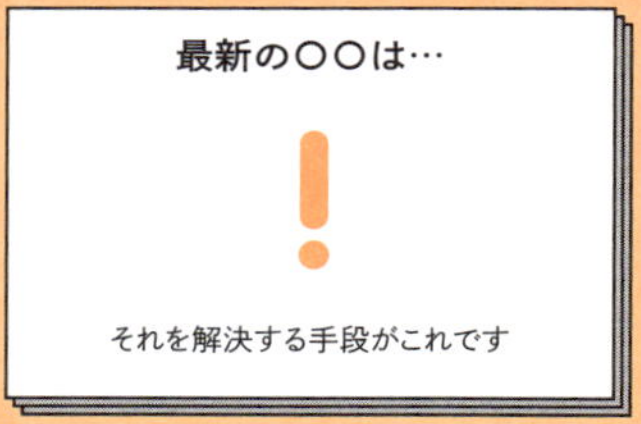
最新の○○は…
それを解決する手段がこれです

STEP 4

課題を解決する「新しい常識」を紹介

課題を解決する
方法を示す

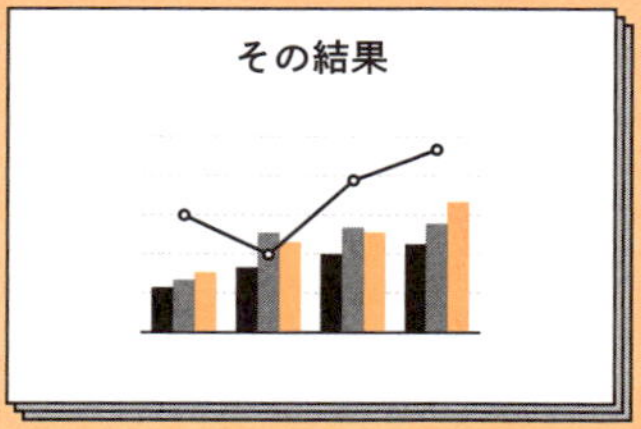
その結果

STEP 5

その証拠となるデータや実例

うまくいった事例と
その証拠を示す

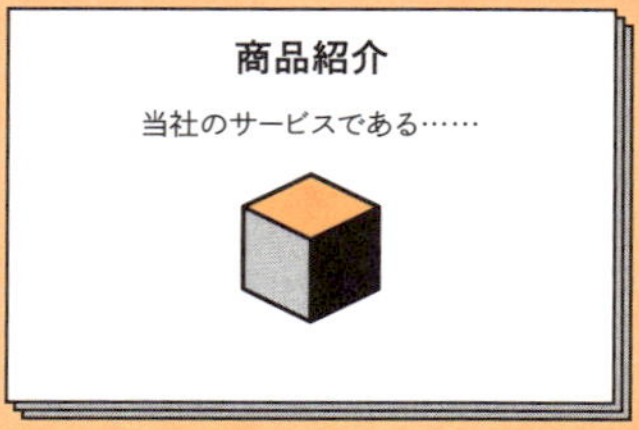
商品紹介
当社のサービスである……

STEP 6

商品・サービス案内

その方法がとれるのが
弊社の商品ですと
結論づける

アプローチブックのつくり方

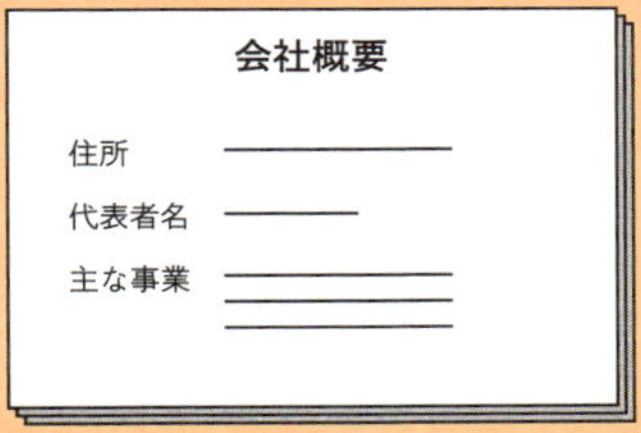
会社概要
住所
代表者名
主な事業

STEP 1

企業情報

自社の概要を簡潔に示す

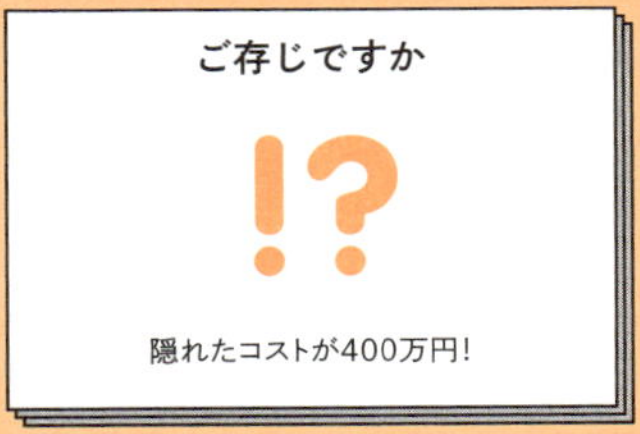
ご存じですか
!?
隠れたコストが400万円!

STEP 2

顧客の想定課題の提示

顧客が「何とかしたい」と
考えていること（課題点）を
想定してつくる

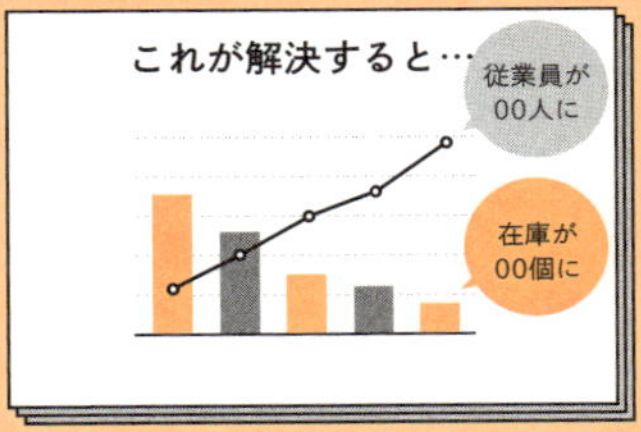
これが解決すると…
従業員が
00人に
在庫が
00個に

STEP 3

顧客のあるべき姿を提示

その課題を解決したときに
「どうなるのか」を
具体的に説明する

アプローチブックをつくるうえでの注意点は3つあります。

①情報は出しすぎない

これは、お客様が先回りして結論を察知することを防ぐためです。

結論が先にお客様に伝わると、話が終わる前に、その結論に対する「判断」がお客様の中に生まれます。「欲しい！」と考えてくだされればいいのですが、「いらない」という結論が生まれてしまった場合は、営業トークが意味を成しません。

アプローチブックのコツは、図でも文章でも、「情報が少しだけ足りない」という状況を意図的につくり出すこと。これによって後述するコミュニケーションが起こりやすくなるのです。

②コミュニケーションのためのツールとしてつくる

アプローチブックと提案書との違いは、ヒアリングを主としていることです。

商談中はお客様と自分の間にアプローチブックを置いて、説明をしながらペンで丸を付けたり、図を書きこんだりしていくことでコミュニケーションをとりながら、提案書に必要な要素を聞き出していきましょう。

③お客様ごとにその都度アプローチブックをつくる

アプローチブックは、お客様の業界や状況によって変わります。手を抜かずに必ずその都度、つくりましょう。

私が大手ソフトウェア会社の営業マンだったころ、55社の販路拡大に成功したのは、このアプローチブックを活用できたおかげです。

POINT

アプローチブックで、提案に必要な要素を聞き出せていますか？

NUMBER

8

提案書をつくってみよう

だめじゃん

他社に作成したものを再利用している

まずは基礎

ヒアリングした内容を正しく反映させている

やるじゃん。

「自社の強み」「自社を選ぶべき理由」を自分の言葉でまとめている

アプローチブックでヒアリングができたら、次はそれをもとに提案書づくりに挑戦してみましょう。

提案書とは、アプローチブックで行ったヒアリングをもとに、自社の商品やサービスを提案するためのものです。

まずは、上司や先輩の提案書を真似てつくるところから始めるとよいでしょう。

ここでやってはいけないのは、他の会社に出したものをそのまま使い回すこと。

参考にするのはＯＫですが、提案内容そっくりそのまま使い回すのは、そもそもお客様の課題を聞いていないようなものです。

それでは、提案書のつくり方について説明します。

提案書作成にあたっては、会社によってルールがありますので、お客様に提出する前に、必ず上司や先輩に確認しましょう。

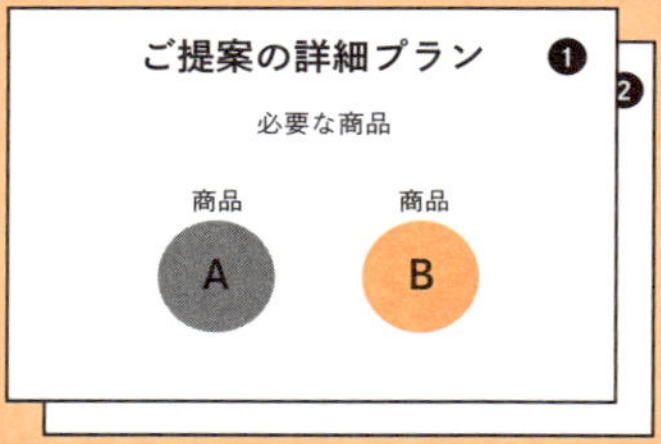

STEP 4

提案詳細（本編と回答）

提案内容の詳細と、
解決方法を2つ提示する

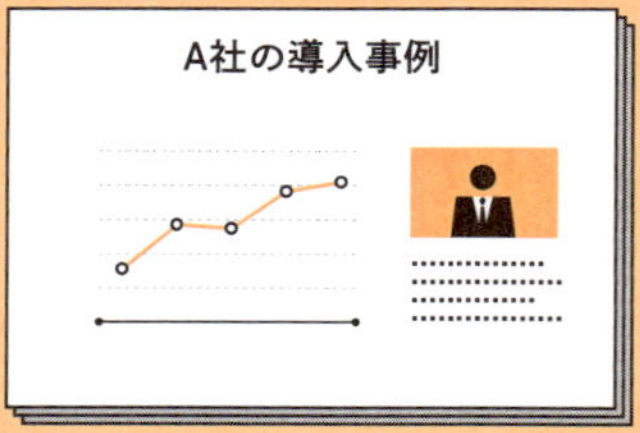

STEP 5

**参考
（事例・詳細データなど）**

参考となる情報やデータ、
導入事例などを紹介する

提案書のつくり方

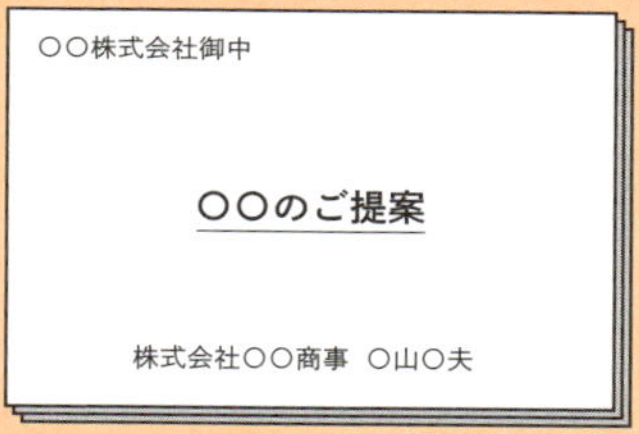
○○株式会社御中
○○のご提案
株式会社○○商事　○山○夫

STEP 1

表紙

お客様の会社名、
提案のタイトル、自社名、
作成者の名前を載せる

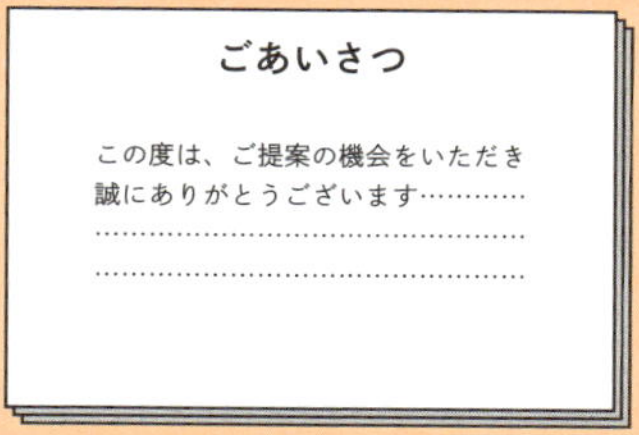
ごあいさつ
この度は、ご提案の機会をいただき
誠にありがとうございます…………

STEP 2

あいさつ

提案の機会を
いただいたことへの
「お礼」と「思い」を伝える

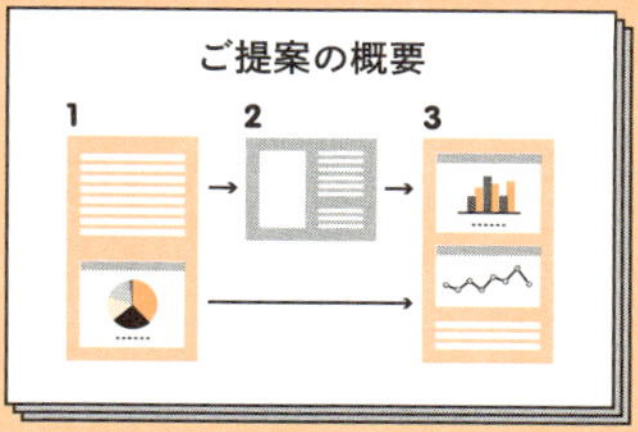
ご提案の概要
1
2
3

STEP 3

提案概要（結論）

ヒアリングした
内容をもとに、
この提案の概要を説明する

注意点は3つ。

①ヒアリングした要望をわかりやすい絵で見せる

アプローチシートからヒアリングした要望を必ず提案書に反映させてください。

②提案の選択肢は2つ提示

提案の選択肢は2つ提示します。なぜ2つなのかは「1・3・2の法則」（138ページ）で詳しく説明していますのでご参照ください。

③導入事例や費用対効果の数字を必ずつける

提案書の説得力を生むために、費用対効果や導入事例には必ず具体的な数字の根拠をつけてください。

そして、**提案でもっとも重要なのは、導入事例を用いて、自社の強みや自社を選ぶ理由をアピールすること**です。

導入事例とは、実際にあなたの会社の商品やサービスを使っていただいているお客様の事例です。自社が提案した商品を使って成果を出しているお客様から話をうかがって「なぜ決めたか」という理由を、お客様の生の言葉を引用しながら提示すると、それは強力な商品のアピールポイントとなり、成約率はグッと上がります。

POINT

効果的な導入事例で、説得力ある提案ができていますか？

CHAPTER 2

NUMBER

9

売上の概念を理解しよう

だめじゃん

売上は、運しだい

まずは基礎

売上は、件数

やるじゃん。

売上は、方程式

営業は売上を上げる仕事です。

きっとみなさんも会社でそのように言われていると思います。

では、「どうすれば売上は上がるのか？」と聞かれたら、答えられるでしょうか？

これから営業に出るみなさんに覚えておいてもらいたいのは、**ただやみくもに営業をしていても、売上は絶対に上がらない**ということです。

具体的にどうすれば売上が上がるのか、そのメカニズムをしっかり頭に入れたうえで実際の営業に臨めるように、準備をしましょう。

売上を上げるための方法は、次のかけ算で簡単に理解することができます。

売上＝単価×客数×頻度

この式の各項の数値をそれぞれ上げていくことができれば、売上は上がります。

ひとつ目の「単価」は商品の価値。ふたつ目の「客数」は商品を買ってもらうお客様の数。そしてみっつ目の「頻度」とはお客様に商品を買ってもらう回数です。
以下、具体的に見ていきましょう。

【単価】

販売価格です。この数字が下がれば売上は下がってしまいますから、営業マンとしては、できるだけ値引きをせず、定価に近い金額で買ってもらう必要があります。値引きをしないで売るには、自社でしか提供できない価値を示さなければなりません。

【客数】

お客様の数です。新規開拓や紹介で、多くの人に買ってもらえばもらうほど、やはり売上は上がります。

【頻度】

購入回数です。つまり、お客様といい関係をつくって何回もリピートしてもらえばいいわけです。また、同じものを再び買ってもらうだけではなく、オプションの追加など購入の回数を上げる方法は何通りもあります。

一見難しく思える「売上を上げるには」という問いも、このように分解して考えれば難しいことではありません。自分の目標に当てはめて、売上のつくり方を考えてみましょう。

POINT

売上をつねに分析し、伸ばしていますか？

NUMBER

10

「ひとり営業会議」をしてみよう

だめじゃん

その日その日で出たとこ勝負！

まずは基礎

勝負は前日の準備で決まる！

勝負は朝の15分で決まる！

やるじゃん。

営業イメージをつくる方法としてオススメなのが、「ひとり営業会議」。

朝礼を行う会社も多いと思いますが、朝礼は会社全体の流れの共有をするための場所なので、それだけでは自分の仕事の整理をつけることは難しいのです。

「ひとり営業会議」とは、毎朝10分から15分くらいとり、その日にやることをはっきりさせるために自分ひとりで持つ時間だと考えてください。

「ひとり営業会議」でやるべきことは、３つ。

①やるべきことの確認

提案書や報告書を書く、お客様へのメールを出す、といったＴｏ－Ｄｏリストを書き出します。

②営業の進捗確認

主に上司に報告するための営業進捗を確認します。新人時代には、電話件数やアポイント件数を聞かれることが多いので準備をしておきましょう。

③その日に訪問するお客様との商談内容の確認

お客様と何を話すかを確認します。どんなことで困っているか、隠された悩みはないか、そこに切り込むためにする話などを準備しておきましょう。

＊「ひとり営業会議」を習慣づける

「ひとり営業会議」で重要なのは、どんなに忙しくても**毎朝やるよう習慣づける**こと。習慣化には毎朝やることにひも付けるのが一番です。毎朝コーヒーを飲むのなら、必ず飲みながらやると決めましょう。

「ひとり営業会議」は基本的にどこでもできますが、邪魔の入らない場所でやるといいでしょう。早朝のオフィスで、または起床後にコーヒーを飲みながら……など、自分の習慣の中の15分に混ぜ込んでみましょう。

空いた時間ができるとぼーっとしたりスマホを見たりしがちですが、ぐっとこらえて、ひとりで考える時間を大切にしましょう。

仕事の見通しを立てたり、仕事の問題を解決したりする時間があれば、自分が持っている不安の大半は解決できてしまいます。

POINT

「ひとり営業会議」で1日の全体像をつかんでいますか？

NUMBER

11

先輩とロールプレイングに挑戦！

だめじゃん

ロールプレイング？　ゲームの話？

まずは基礎

ロールプレイングで営業の流れをつかめている

やるじゃん。

ロールプレイングで自分の営業を高めることができる

社内で上司や先輩をお客様に見立てて**商談の練習を行うのが、ロールプレイングです**。「ロープレ」と略すことが多いです。

ロープレの目的は、なるべく早く営業の基本を身につけてもらうことです。残念ながら、営業のすべてを座学だけで身につけることはできません。これはゴルフでいえば、練習でボールを打つ行為に似ています。

何もできない状態でお客様を訪問するのは、打ち方もわからない状態でコースにでるようなもの。あらぬ方向にボールを飛ばしていてはゴルフにならないのと同じです。

ロープレのやり方は、あなたが営業マン役となり、上司や先輩がひとりずつ、お客様役と、動きをチェックする役になります。お客様役がチェック役を兼任する場合もありますが、一般的には3人構成です。

具体的なやり方については、企業それぞれにやり方がありますので、上司や先輩方にお任せするしかありませんが、ひとつアドバイスをさせていただくとすれば、**始める前に「ダメなところは、ダメとしっかり指摘してください」とお願いするこ**とが大事です。

あいさつや名刺交換、説明の仕方でおかしなところがないか上司や先輩にチェックしてもらうと、自分でもわからなかったクセなどが見つかります。

自分ではきちんとしたあいさつをしていると思っていても、姿勢が悪かったり、声が小さかったりするものです。

意外に気づかないのが、説明のときに「えー」「あー」「あのー」などのつなぎ言葉が出てしまうこと。聞いている方は、どんなにいい話だったとしても内容が理解できません。

こうしたクセは、慣れるまでは意識しないとうっかり出てしまいますので、普段から話し方に注意をしておく必要があります。

ロープレをやるときに便利なのが、スマホの動画撮影機能です。

上司や先輩に何が悪いかを、動画を見ながら教えてもらうことができます。

新人営業時代は、特に自分のダメなところがわかりません。**しっかり指摘をしてもらい、自分の営業の形をつくりましょう。**

ロールプレイングがこなれてきたら、次はいよいよ実践編です！

POINT

自分の何がいけないのか、先輩に聞けていますか？

CONTENTS

CHAPTER 3

いよいよ実践！

営業テクニック集

CHAPTER 3

NUMBER

1

営業開始前にセルフチェック！

だめじゃん

その場のノリで営業している

まずは基礎

セルフチェックで準備ができる

やるじゃん。

相手の印象に残る営業になれる

メジャーリーガーのイチロー選手、ラグビー日本代表の五郎丸選手など、超一流アスリートが、試合本番でいつも必ず決まった動作（ルーティーン）をしているという話はよく知られています。営業も同じで、顧客訪問の直前に**ルーティーンを行うことで、脳と体がいつも通りであるということを感じて、集中力が高まり、いい緊張状態になります。**

営業前には本書を片手に、身だしなみを整えて、営業資料、営業ツールをカバンに入れたかを必ずチェックしてください。そして、デキル営業マンをめざすなら、声の出し方にも気を使いましょう。実は、声は笑顔と同様に相手の印象にとても残りやすいのです。

声が小さくぼそぼそしゃべったり、語尾がはっきりしなかったりするのは営業マンとしてはＮＧです。

あなたが、話し声に自信がないのなら発声練習をするのがおすすめ。

営業なのに発声練習をするのかと思ってしまうかもしれませんが、口の動きをよくするだけでも話が聞きやすくなるので、必ず行いましょう。

お客様にデキる営業マンだと思われるように、セルフチェックをするポイントは次の3つです。

①発声練習をする

滑舌が悪い、声が小さいのは、営業マンにとってマイナス。朝起きたら自宅で発声練習をしておきましょう。早口言葉など練習方法はいろいろありますが、ポイントは毎日やること。「ひとり営業会議」と一緒にやっておくといいでしょう。

②姿勢を正す

正しい姿勢を保つためには、**「頭の先から糸で吊り下げられているイメージを持つ」といい**とされています。いい姿勢であれば、立っていても座っていても通る声が出せます。姿勢が悪いといい声が出ないのです。

③ほほえむ

笑顔をつくることで口角が上がり、いい声が出るようになります。表情が暗いと声が出にくく、逆に明るい笑顔をつくると、表情筋の働きでノドが開きやすくなります。

特に仕事に慣れていない新人営業時代は、**とにかく元気よく、はっきり話すことを心がけましょう。**

POINT

発声、姿勢、ほほえみ。あなたはできていますか？

CHAPTER 3

NUMBER

2

第一印象が成功のカギ

だめじゃん

「自分がどう見えているのか」を知らない

まずは基礎

「あいさつのマナー」を知っている

やるじゃん。

「笑顔のタイミング」を知っている

営業で大事なのは、相手に第一印象で好感を持ってもらうこと。

営業マンらしいスタイル、マナーに基づいた挨拶が完璧なら、相手に好意的だと思わせる笑顔も身につけましょう。「なんだ、笑顔か」と思われるかもしれませんが、大切な商談で顔がこわばっていると、相手も警戒心が生まれてしまうのです。

まずは、**会った瞬間に相手の目を見て、笑顔であいさつしましょう。**

そして、名刺交換の際は「私はあなたに好意的ですよ」という気持ちをこめて、もう一度はっきりと笑顔を見せることです。こうすることで相手に「この人は自分に好意的だ」と印象に残るのです。

これは、**フレンドリー・テクニックといい、昔からの親しい友人のような感じを与え、初対面でも相手に親近感を与える方法**です。

お客様からいい反応を引き出すには、まずは自分からいい反応を心がけるのが大原則。商談であいさつをする際には、先手を打って笑顔を見せるようにしてください。

しかし、このテクニックを使ううえで気をつけていただきたいのは、みだりにこのテクニックを使いすぎないことです。

私は、これまで多くの営業マンと会いましたが、できる営業マンほど「また会いたいな」という自然な笑顔をします。笑顔だけど目が笑っていなかったり、作り笑いをする営業マンは、途中から違和感で話に集中できませんでした。

笑顔をつくるというテクニックは、表面だけマネすると、とても嘘くさくなってしまうのです。同じ営業マンが見ても感じることですから、お客様が感じないわけがありません。

お客様と長い関係を構築する第一歩なので、**表面的な笑顔ではなく心から相手を信頼し、友好的であることを伝えなければいけません。**

テクニックを感じさせないためには、笑顔であいさつする練習をしておきましょう。やり方は簡単です。家族や会社の上司や仲間、ご近所の方へ笑顔であいさつをするだけです。

これを習慣にしておくと、笑顔の練習ができるだけでなく、思わぬ副次効果も得られます。というのも、好意には好意で返すように、元気なあいさつをされると、人はあいさつを返したくなるものです。これを「返報性の原理」といいます。

笑顔が身につくと、普段話をしていなかった人から思わぬ情報がもらえたり、困ったときに助けをもらうことができるのです。

POINT

自然と相手が自分を見て笑顔になっていますか？

CHAPTER 3

NUMBER

3

正しい商談の始め方

だめじゃん

すぐに商品説明をしている

まずは基礎

すぐにアイスブレイクをしている

やるじゃん。

すぐに商談につながるトークを持っている

ベテランの営業マンでも苦手だという人が多いのが、アイスブレイク。

アイスブレイクとは、商談の最初に話しやすい雰囲気をつくるための雑談のことです。アイスブレイクといえば、「き＝季節」「ど＝道楽、趣味」「に＝ニュース」といった**雑談を引き出すキーワード「きどにたてかけし衣食住」で始めろ**と言われています。

ただしこうした雑談は、新人営業マンには特に難しいので、オススメしません。最初の商談で相手に第一印象から好感を持ってもらうために、新人営業マンが雑談から始めるのはリスクがあるのです。

実は、私もこんな感じでアイスブレイクに失敗したことがあります。

「サッカーの日本代表、負けちゃいましたね」

「そうみたいですね。僕は、サッカー見ないんで……」

「スポーツはご覧にならないんですか」
「アメリカンフットボールは見ています。スーパーボウルの時期になると仕事も手につかないくらいですよ。スーパーボウル、わかりますか？」
「……」

このように旬なニュースから話を始めても、相手に関心がないと話が続きませんし、しなくてもいい質問をしたせいで自分自身が話についていけなくなることさえあるのです。

ベテランほどアイスブレイクをしていません。

私がお会いしたベテランの営業マンは皆「今日はいい天気ですね」といった、ごく平凡な話をして、すぐに本題に入っています。ベテランほど余計な話を振ることのリスクを知っているのです。

＊ 商談の正しい始め方を知ろう

とはいえ名刺を差し出すやいなや、いきなりマニュアル通りの商品説明をまくしたてるのは、営業のマナーとしては考えものです。実は、**新人営業マンでもできる正しい商談の始め方がある**のです。

それは、お客様を訪問したら、名刺交換に続いてイントロトークをすることです。イントロトークで、商談の導入説明として今日訪問した目的を話します。慣れないうちは、いくつかイントロトークのパターンをつくっておくといいでしょう。

□ 標準パターン

「本日は、お忙しいところお時間を頂戴しありがとうございます。お電話でも少しご紹介しましたが、〇〇について本日はお話ができればと思います。本題に入る前に弊社の紹介から始めさせていただいてもよろしいでしょうか」

手短パターン

「本日は、お時間を頂戴しありがとうございます。お忙しいとお伺いしておりますので、手短に弊社の紹介をさせていただきまして、本題に入ることができればと思いますが、よろしいでしょうか」

紹介営業パターン

「本日は、お忙しいところお時間を頂戴しありがとうございます。○○様のご紹介で本日はお伺いいたしました。○○様には3年前からお取引いただき、私が担当させていただいてからも大変かわいがってもらっております。○○様よりお聞きになっているかもしれませんが、最初に会社案内をさせていただいてもよろしいでしょうか」

先ほどの例で示した通り、**安易なアイスブレイクは失敗する確率も少なからず存在します**。トークがハマれば盛り上がりますが、失敗のリスクを考えると、新人のうちに積極的に使用することは危険とも考えられます。

こうしたセールストークにつながる導入から始めることで、リスクを避けた形でスムーズに会話を進めることができます。常日頃アイスブレイクに悩んでいる人はぜひ、こちらの方法を実践してみてください。

POINT

無駄のない、話の切り出しができていますか？

CHAPTER 3

NUMBER

4

セールストークはAIDAでバッチリ!

だめじゃん

雰囲気で会話をつくってしまう

まずは基礎

「トークの流れ」をつくりだせる

やるじゃん。

「売れる流れ」に巻き込める

イントロトーク、会社説明に続いて、本題であるセールストークに入ります。

ここでやってはいけないのは、いきなり商品説明や、お客様のかかえる課題を聞いてしまうことです。セールストークの組み立てには、ＡＩＤＡという方法があります。**ＡＩＤＡとは、注意（Attention）、関心（Interest）、欲求（Desire）、行動（Action）の頭文字で、古くからある購買にいたるまでのプロセス**です。

□ ＡＩＤＡの法則

①お客様の注意を引く（注意）
②お客様に商品を訴求し、関心を持ってもらう（関心）
③お客様に商品への欲求があり、それが満足をもたらすことを納得させる（欲求）
④お客様に行動を起こさせる（行動）

AIDAの法則／4つのプロセス

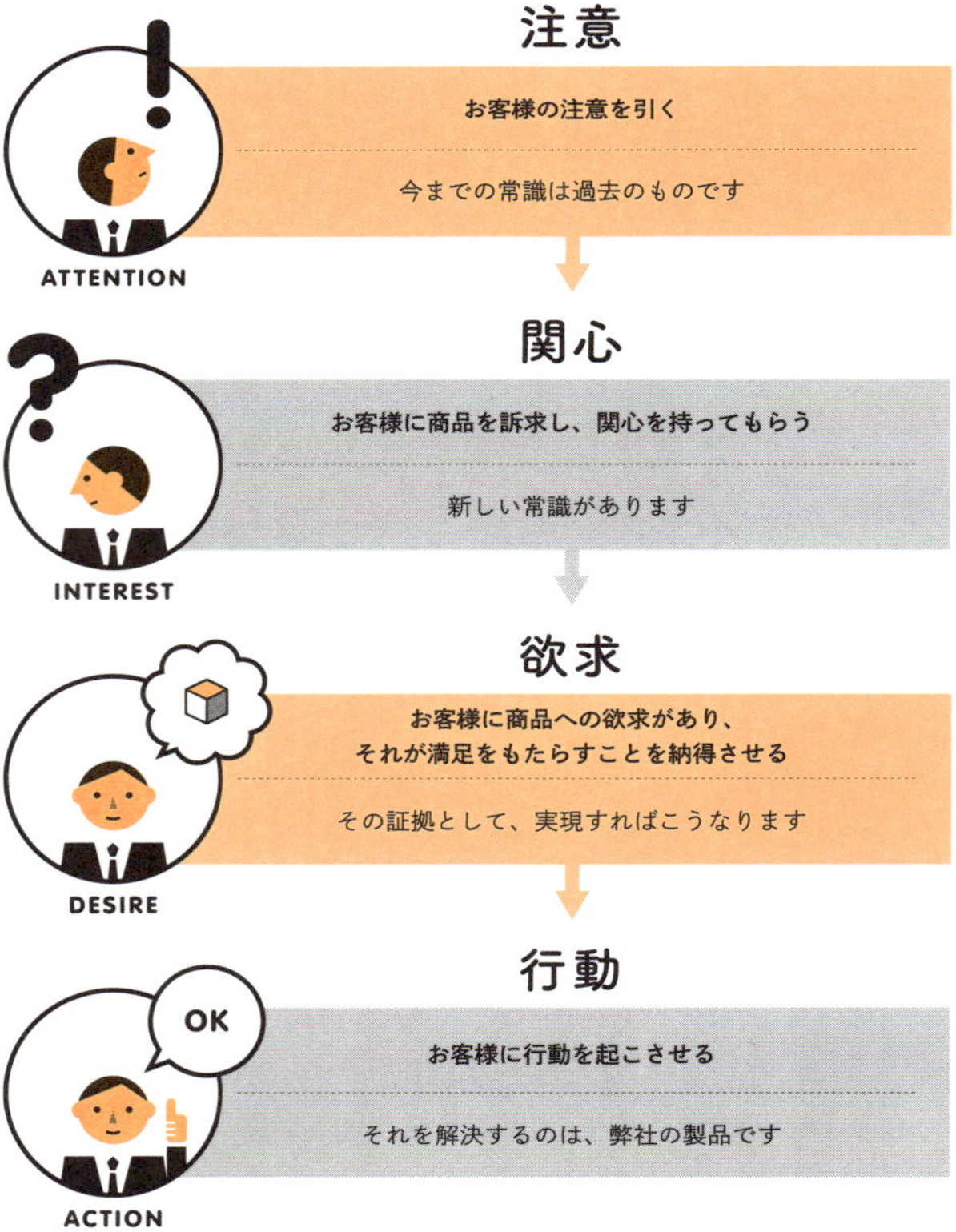

＊ＡＩＤＡを使ってみよう

ＡＩＤＡの法則をセールストークにあてはめると、このようになります。

①今までの常識が変わったことを伝え「注意」を引く

「○○に関しては、他の会社でも同様にみなさん困っているとお聞きしています。御社でも同じような課題をお持ちではありませんか」

ここでは、注意を引きつつ、あらかじめ用意した仮説で課題を聞き出します。ポイントは、他の会社にも訪問していることを伝えることで、その業界に共通する課題について話をしても大丈夫そうだと思わせることです。

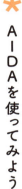

②新しい常識に変わったことを話し、「関心」を持ってもらう

「実は、□□という方法で解決した会社があるのです」

ここは、お客様から「え!?」という反応をしてもらえるような方法を伝える必要があります。『営業は「新しい常識」をつくる仕事!』（50ページ）でも説明しましたが、自分だけでつくるのは難しいので、上司や同僚の協力が必要です。

③なぜ、それが実現できるか。証拠と実現した未来像を語り、「欲求」をあおる

「この数字はお渡しはできないのですが、○○について弊社で解決した事例です。この方法で、こちらの会社では○○を△△することができました」

なぜ実現できたかを図やグラフで示します。取り扱いを注意しなければならないリアルな調査データの場合は、お客様に渡せないこともありますので、参考資料として見せるだけにしましょう。

④それを提供できるのは当社の商品ですと言って、サービスを紹介

「こちらの結果を出した弊社のサービスについて、ご紹介させていただきます」

ここで、いよいよ商品やサービスの紹介に入ります。お客様も、行き着く先は商品やサービスの紹介であることはわかっていますが、なぜそれが自社に関係があるかを説明されているので、聞く態勢になっているのです。

お客様には自身でもわからない課題点があり、それを解決できるのが自社の商品やサービスなのだと伝えることが、セールストークのキモなのです。

POINT

相手が買いたい！と言いたくなる流れをつくれていますか？

NUMBER

5

営業マンは相手のどこを見ればいいのか？

だめじゃん

体のあたりでも見てようかな…

まずは基礎

顔をぼんやりと見ている

やるじゃん。

目を使った営業を知っている

商談では、視線をどこに置くのが正しいのでしょうか。

「人と話をするときは相手の目を見なさい」とよくいわれますが、**日本人のほとんどが会話中に相手の目を見ていません。**

ある研究によると、人は会話中に3割くらいの時間しか相手の目を見ていないそうです。これは、日本人の性質によるところが大きいようですが、営業となると話は別です。**商談中は、適度なアイコンタクトが必要なのです。**

実際に営業マンにいっさい目を合わせない状況をつくってもらい、ロープレをしたところ、参加した全員が話しにくいと回答をしています。お客様が自社の課題を話しているときに、メモをとるのに気をとられてアイコンタクトをしていなければ、あなたと話しにくいと思っているかもしれません。

相手のどこを見ているのかについて、営業研修で尋ねたことがあります。だいたい半分くらいの営業マンは、相手の鼻を見ていると答えています。次が、口元。そして、目、顔全体をぼんやり見るというのが続きます。しかし相手は、近距離だとどこを見ているかわかってしまいます。

もしかすると、お客様はあなたの目線を感じて「今、鼻を見られているけど鼻毛が出ているのかな」と思っているかもしれません。

お客様に変な気をつかわせないのも営業マンとしては重要です。相手に負担のかからないアイコンタクトでオススメなのが、眉間を見ること。相手の目を見すぎても怪しい感じになりますし、目を合わせないと不信感を抱かせます。

その点、眉間は、相手の目を直視せずに自分の話し相手に強く伝えたいときや、忘れてほしくないことを伝えるときに見る場所として最適なのです。

トーク内容や話し方だけではなく、**適切な目線を送ることで、相手に信頼感や優**

しさ、丁寧さを与えることができます。

さあ、取引先と向かい合う準備ができました。

次の項目からはついに、実際の営業で使えるトークのテクニックを紹介していきます。ぜひ活用して、あなただけの営業の力を身につけていってください。

POINT

優しさや丁寧さを目で演出できていますか？

CHAPTER 3

NUMBER

6

テクニック1。1・3・2の法則

だめじゃん

とにかくたくさん提案する

まずは基礎

商談に必要なものを選んで提案する

やるじゃん。

商品は1つ、特徴は3つ、選択肢は2つ提案するある会社の営業マンと同行したときのことです。

彼は、会社案内のあと、扱っている商品のカタログを順番にとり出して、ひとつひとつ紹介を始めました。商品は、それぞれ違う分野の商品で関連性がまったくありません。

いくつかの質問をお客様にしましたが、残念ながら、お客様はどれにも興味を示しませんでした。彼は、お客様のオフィスを出た後に「どれも興味ないみたいでダメですね」と肩を落としていました。

商談では、1つ以上の商品やサービスを紹介してはいけません。

それは、お客様が何を紹介されたのか印象に残らなくなってしまうからです。

やっととれたアポイント。お客様が興味を持つ可能性のあるものは全部紹介しておこうと思う営業マンの気持ちもわかりますが、ここはグッとこらえましょう。

「セールストークはＡＩＤＡでバッチリ！」（１２８ページ）でも説明しましたが、

商品説明は、お客様の課題を解決するものなので最後にします。「これが唯一の解決方法です。さあ買いましょう」というトークの流れをつくることを考えると、**あれもこれもと自社の商品をいくつも紹介してはいけない**のです。

次に**商品やサービスの説明の特徴は、3つに絞る**こと。

「この商品の特徴は7つあります。まず……」などと、説明に重要なポイントがたくさん出てきても、相手にはそれが重要と理解されないのです。会社の商品カタログでも、商品の特徴を「5大機能」「7つの特徴」などと書かれていることが非常に多いのですが、それらを商談で説明しても、お客様にとっては何も意味がないのです。

重要なことを3つにまとめられるようになるには、普段から習慣として使うのがおすすめです。

3つに絞れるようになると、上司に商談の説明をするときに「この商談のポイントは3つ、ひとつは納期で……」と使ったり、お客様に質問するときに「選択基準を3つあげるとすればどんなことでしょう」と使ったりすることもできるようになります。

最後に、**購入の選択肢は2つが鉄則**です。

お客様は、最終的にはどちらが気に入ったかで決めます。**3つ以上だと選べなくなって、結果として決断しなくなる**のです。人は、何かを決めるときに選択肢を2つにしてから「どっちにしようかな」と選んでいます。商談では、意図的に2つの選択肢を提示することで、お客様が選びやすくなるのです。

POINT

相手が買ってくれやすい選択肢を用意していますか？

CHAPTER 3

NUMBER

7

テクニック2.

応酬話法

だめじゃん

相手の意見に反論してしまう

まずは基礎

相手の意見に応えるパターンを持っている

やるじゃん。

相手の意見を尊重することができる

商談には、お客様との会話を進めやすくするさまざまな「話法」があります。

営業で話法と聞くと、お客様を誘導して購入させるイメージが強いかもしれませんが、法人営業では、お客様の課題を聞き出すテクニックとしても使われています。

営業マンが商談で使う技術のひとつに、**応酬話法**というものがあります。

これは、**断りや否定的な意見に対応する際の話法**に用いることです。「やられたらやり返す」ようにお客様を説得してやり込めるための方法でも、お客様の話したことに応じて、あらかじめ用意しておいたシナリオで答える方法でもありません。

もちろん、ある程度のセールストークのシナリオをつくっておけば、その場でアタフタすることなく平常心で商談を進められますが、それだけでは断りや否定的な意見に対して柔軟に対応することは難しいでしょう。

応酬話法には、さまざまなパターンがありますが、今回は代表的な3つ、**【イエス・バット法】【正面突破法】【質問話法】**についてご紹介します。

【イエス・バット法】とは、お客様の断り文句に対して「確かにそうですね」と認めて譲歩しつつ、「その通りですが、しかし、……」と切り返します。

【正面突破法】では、お客様の否定的な意見に対して「みなさんそうおっしゃいますが、実はそうではありません」と切り返します。

最後の**【質問話法】**は「どうしてそのように思われたのでしょうか」「なぜでしょうか」と質問を返すことで、さらに真意を探り出す方法です。

＊ 応酬話法は正しく使おう

こうした応酬話法のテクニックは他にもありますが、とくに新人のうちに注意してもらいたいのは、応酬話法の本質を理解して使ってほしいということです。

本当の応酬話法というのは、「相手の気持ちを立てながら話を聞き、相手の好意に報いようとする」ための話し方であり、心がまえです。

新人営業マンが、こうした心構えがないまま小手先だけで応酬話法に頼り切ると、「口八丁」と軽く見られたり、「自分をダマそうとしているんじゃないか」と思われてしまいます。みなさんにぜひ心がけてほしいのは「お客様の課題をしっかり聞き、一緒に解決に向けて進む」という気持ちを持って商談に臨む、ということです。

仕事でもプライベートでも、相手を尊重し、いい部分を認め、感謝する。**紹介した話術を無理なく使うには、普段から誠実な態度を身につけること**が重要です。

POINT

お客様の気持ちに応えながら会話ができていますか？

CHAPTER 3

NUMBER

8

テクニック3．ページング

だめじゃん

自分のペースで話をしている

まずは基礎

相手のペースで話をしている

やるじゃん。

会話のペースで印象を誘導している

新人営業マンは、上司や先輩から「とにかく明るく元気に話したほうがいい」と言われているはずです。

元気な話し方は、お客様に安心感を与えます。ただし商談中は「元気一点張り」ではなく、お客様の声のトーンや、会話のスピードに合わせた話し方が必要になってきます。

お客様と一体感をもって話しやすい雰囲気で商談を進める際に有効なのが、ペーシングという話法です。**ペーシングとは、行動、声の調子やトーン、話し方を相手に合わせて一体感を出し、お互いの距離を縮め、信頼感をつくる話法**のことです。

ペーシングには、３つのポイントがあります。

①話し方・言葉

お客様の話すスピードや声の大きさ、抑揚、よく使う言葉などに合わせることです。また、お客様の業界特有の用語、略語、カタカナ語などを使うことも言葉のペーシングといい、信頼関係を築く第一歩になります。

②相手の動作

お客様の表情や身ぶり手ぶり、態度、姿勢などに合わせることです。ただし、完全にお客様に合わせた動きをすると、不自然になるばかりか、相手に不快感を持たれます。違和感を持たせない程度に軽く合わせるくらいでよいでしょう。

③雰囲気

お客様のテンションや感情などに雰囲気を合わせることです。例えば、お客様が前のめりになって熱く語っているとしたら、同じくらい熱心にメモをとる……といった具合です。

ペーシングは、とくに初対面の人に対して有効です。類似点があるように見せることで、距離感を縮めることができるからです。目から入る情報は非常に強力で、お客様の潜在意識に「この人は自分の仲間＝信頼できる人」だと直接認識させることができます。

ペーシングを身につけるには、ロールプレイング（108ページ参照）が一番の方法です。上司、先輩とロールプレイングを行う際には、ペーシングにもトライしてみてください。

POINT

会話のペースで親近感を演出できていますか？

CHAPTER 3

NUMBER

9

テクニック4.

二者択一法

だめじゃん

オープンクエスチョンで会話をしている

まずは基礎

クローズドクエスチョンで会話を進められる

やるじゃん。

質問を重ねることで、気がついたらお客様の課題を聞き出している

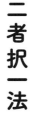

商談でお客様に質問をする場合、漠然とした内容ではなく、相手が答えやすい形で質問をすることが大切です。**漠然とした質問は「オープンクエスチョン」、回答が限定される質問を「クローズドクエスチョン」といいます。**

□ オープンクエスチョンの例

「お昼ごはんには**何を**食べたいですか？」

「御社の情報システムの課題は**何**ですか？」

□ クローズドクエスチョンの例

「お昼ごはんにはラーメンとカレーの**どちらを**食べたいですか」

「御社の情報システムの課題は、サーバー周り対策と運用面での機能向上の**どちら**ですか？」

クローズドクエスチョンの中でも、**回答をＡかＢのどちらかに限定する質問を、二者択一法といいます。**２つの選択肢を示すことで、相手が即答できるように質問をしているのです。

この二者択一法のよい点は、自然と会話が広がること。お客様がなぜそれを選んだのか、理由や補足的な説明を自らしてくれるので、新たな情報を得ることができます。

営業　「このプロジェクトの優先事項は、**品質ですか、コストですか**」

お客様「品質です。コストを優先して過去に失敗したからです」

ここで、過去にコストを優先して失敗したという情報が得られました。品質の高さが求められるということは、それなりの予算があると考えていいでしょう。追加提案できるチャンスがあるかもしれません。

二者択一法を使えば、さらに的を絞っていくことができます。

営業　「品質優先とのことですが、**商品とサポートどちらの品質ですか**」

お客様「サポートです。海外商品で大きな失敗をしたからです」

こうやって絞り込むように質問をしていくことで、お客様の困りごとを上手に聞き出すことができます。

POINT

オープンクエスチョンとクローズドクエスチョンを上手に使い分けていますか?

NUMBER

10

テクニック5。クロージングは沈黙

だめじゃん

買うのか買わないのか、自分から迫ってしまう

まずは基礎

買うのか買わないのか、相手が話しはじめるまで待つ

やるじゃん。

買うのか買わないのか、明確な答えを得ずとも話を進められる

あなたからの提案も終わって、**お客様が、パンフレットを見る、腕組みをする、目をつぶる、視線を下にそらすなどし始めたら、ここは沈黙の時間です。**

営業プロセスにおいて、お客様に契約を決めてもらうフェーズのことをクロージングといいますが、クロージングの際にほぼ必ず流れるのが、この沈黙の時間です。

ここでお客様が沈黙していたとしても、焦りは禁物。お客様の反応が気になって気になって仕方なくなりますが、何も言ってはいけません。「売ってやるぞ」という気持ちを先行させるのではなく、この商品やサービスによって「大切なお客様にハッピーになってもらいたい」という気持ちが強ければこそ、沈黙し、じっくり見守って答えを待つのです。

そうして、やがてお客様と視線が合ったら、まずはテストクロージング開始です。テストクロージングとは、**本番のクロージングの前に行う、発注の意思があるのかどうかの確認**です。その様子を見てから、実際のクロージングへと入っていきます。

営業　「**仮にご購入されるとすると、いつごろまでに納品が必要でしょうか**」

お客様「遅くともその２ヶ月前には納品が終わっていないと間に合わないかなあ」

営業　「ご発注までのりん議にどのくらいの時間がかかりますか」

お客様「りん議書で決済がおりるのに、この金額だと1ヶ月かかります」

営業　「ご発注後、納品に1ヶ月いただいておりますので、時間的に余裕がありませんね。仮にですが、お決めになるとすればご提示したプランの……」

お客様「こちらのプランで考えています」

営業　「ありがとうございます。では、こちらで進めさせていただきます。ご発注書はいついただけますか？」

ここまでのやりとりではっきりした答えが得られないようであれば、発注ができない原因を聞く必要があります。「**ご発注いただくうえで、障害になることはありますか？**」と質問してみてください。他に気になる提案がある、値段が考えているより少し高いといった具体的な答えが得られるはずです。

POINT

お客様が黙っていたとしても、焦らずに話を進められますか？

CHAPTER 3

NUMBER 11

テクニック6. イエス誘導法

だめじゃん

クロージングの成否は、お客様の判断しだい

まずは基礎

クロージングの成否は、営業マン（あなた）のリードしだい

やるじゃん。

クロージングの成否は、お客様と営業マン（あなた）の信頼関係しだい

営業　「こちらに座ってもよろしいですか」
お客様「**どうぞ**、そちらにおかけください」
営業　「最初に2、3分ほど会社説明をさせていただいてもよろしいですか」
お客様「**はい**、お願いします」
営業　「メモをとらせていただいてもよろしいですか」
お客様「**ええ**、どうぞ」

このやりとりは、**イエス誘導法という話法です。**売れる営業マンは、実は商談の最初から、お客様にイエスと答えさせる質問を重ねることで、**肝心のクロージングでお客様がイエスを言いやすい状態をつくっているの**です。

営業のテクニックには、こういった相手を意図的にコントロールする話法がいくつかあり、このイエス誘導法もそのひとつです。商談の中で何度もイエスという言葉を口にするうちに、**お客様側はいつのまにか「この人とは気が合うな」と感じるようになります。**

世の中には、あらかじめ営業のシナリオをつくっておいて、イエス誘導法を使って営業をさせている会社もあります。

「○○保険をもっと安くしたいと思いませんか？」
「運動なしで楽に○○キロやせることができたらいいと思いませんか」

これらの質問の答えは、当然、「イエス」ですよね。

人は、自分の発言は一貫したものにしたいという心理があります。例えば、このような質問に「イエス」と言ってしまった以上、「では、具体的にその方法を知りたくありませんか」と話が続けば、今さら関心がないとは答えられないものです。

このテクニックは、心理的に誘導することで、最終的に難しい判断でイエスと言わせるためのものです。しかし、こうした話術は、うまくやらないと、商談経験の豊富なお客様には見抜かれてしまいます。

何度も申し上げているように、**営業マンとして重要なのは、お客様と信頼関係をつくること**です。新人営業マンは、この方法を、商談でイエスを誘導するためではなく、お客様と距離を縮めるために使うことを、まずはおすすめします。

POINT

お客様との信頼関係をつくり出す会話を意識していますか？

NUMBER 12

テクニック7。「4つの気質」の攻略

だめじゃん

お客様がどんなタイプでも、提案する内容は同じ

まずは基礎

お客様のタイプに合わせた提案をしている

やるじゃん。

お客様が重要視しているポイントを聞き出して、提案に反映させている

購買心理には、「4つの気質」があります。

人は誰でも、何かを決めようとするときにあれこれ悩むものです。購入を決める場合も同様で、頭の中で4人の人格が自分の意見を主張しあっています。これを私は「4つの気質」と呼んでいます。

商談では、お客様がどのような気質であるかを知らなければいけません。そして、それを知るには、目の前にいるお客様が購入にあたって、「何を重視しているのか」という判断基準を聞いてください。

□ **価格重視タイプには…**

お客様が価格を重視しているようなら、そのお客様は「**購買気質**」です。この気質のお客様は、情報を駆使して、同じような商品であれば1円でも安いものを探したりします。

購買気質タイプの攻略法は、維持管理に関わるすべてのコストを出して、安物買いの銭失いにならないような提案をしているのだと理解してもらうことです。

スペック重視タイプには…

高性能、最速、最軽量などスペック重視だったら、そのお客様は「**エンジニア気質**」です。いわゆるマニアといわれるタイプです。このタイプの特徴は、とにかく機能を調べるのが好きなこと。機能比較表をつくって優劣をつけたがる傾向があります。

エンジニア気質の攻略法は2つ。自社の商品が機能的に有利であれば、機能重視の提案をしてください。もし機能的に他社と同等か少し不利な場合は、コストとパフォーマンスのバランスのよさを提案します。

信頼性重視タイプには…

サポートの良さ、信頼性を重視するのが「**パートナー気質**」です。このタイプの特徴は、失敗するのが怖いこと。新しさよりも実績と信頼性が高いことを好みます。

パートナー気質の攻略法は、導入実績です。すでに使われている企業がある、いい結果が出ているという実績を示してあげてください。

□ 総合性重視タイプには…

長期的なメリットを考えるのが「**経営者気質**」です。特徴としては、性能、価格、実績など総合的に判断すること。いわば司令塔のようなタイプです。総合評価で判断しますので、弱点という弱点はありません。

したがってこのタイプを攻略するには、正攻法でバランスのいい提案をすることが必要になります。

実例を紹介します。ある商談で「品質は下げずにコストを下げたい」という要望がありました。お客様は技術者で、見るからに保守的なタイプ。そこで、「品質

購買心理の4つの気質

右脳

- 感覚的、五感から認識
- 直感的・創造的・感情的・俯瞰的視点

パートナー気質

信頼性・価値観を重視する

KEYWORD

安心・安全／
サポートがよい
ステータス／デザイン性

経営者気質

総合的な判断を重視する

KEYWORD

長期的なメリット
ROI（投資対効果）
ビジネス的視点

左脳

- 論理的、文字や言葉から認識
- 合理的・分析的・数学的・科学的

購買気質

価格を重視する

KEYWORD

最安
大幅値引き
特別価格

エンジニア気質

仕様や性能を重視する

KEYWORD

高性能
最速・最軽量
業界初

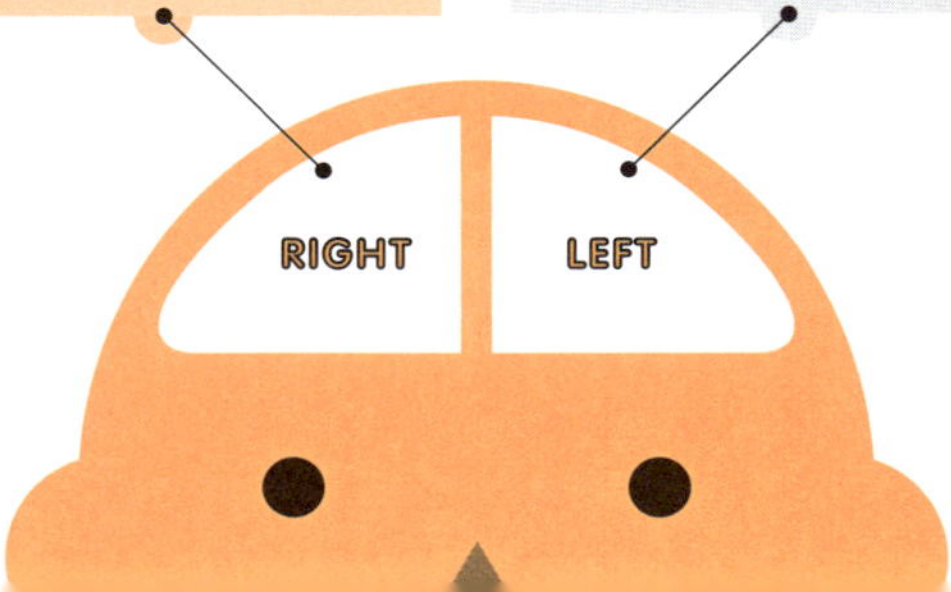

ということですが、商品の品質ですか、サポート品質ですか」と質問したところ、「実は、サポートです。価格が安いので海外商品を購入したところサポート品質が悪くて手間がかかり、かえってコストが高くなっています」という話を聞き出すことができました。

　このお客様には、同じ機能でも維持管理に関わるすべてのコストが安くなる提案をすることで導入していただきました。つまり、彼は「パートナー気質」だったということです。

POINT

お客様の気質を見抜き、それに合った提案ができていますか？

CHAPTER 3

NUMBER

13

テクニック8。

値引き交渉

だめじゃん

値引きをしなければ商品が売れない

まずは基礎

値引きをせずに商品を買ってもらえる

やるじゃん。

値引きを交渉材料にできる

商談がポンポンと決まることはまずありません。往々にしてクロージングの段階で値引き交渉があると思ってください。

実は私自身も、相手に値引き交渉をされる状況は、あまり得意ではありませんでした。値引きを渋るとそれまで築いてきたお客様との関係が悪くなってしまうのではないかと思っていたのです。

しかし、購入していただかないと「真の意味でのお客様」にはなりません。お客様と継続的な良い関係を築くためには、値引き交渉も重要なプロセスのひとつなのです。

お客様から「もう少し値引きしてほしい」と言われたら、新人営業マンのあなたならどうするでしょうか。ここでは、**実際に営業の現場で使う値引き交渉のテクニックをいくつかご紹介いたします。**

□ **お断り型**

「申し訳ございません。この商品に関しては、ここまでのお値段しかだせません」

□ **相談型**

「上司に相談したうえで追ってお値段をださせていただきます」

□ **継続確約型**

「御社向けには特別にこの値段でやらせてもらいますので、追加発注の確約をいただけませんでしょうか」

□ **ボリューム値引き型**

「まとめて購入いただけるようでしたら、価格についてはご相談できます」

紹介獲得型

「了解いたしました。その代わりといっては何ですが、お知り合いの会社をご紹介いただけませんでしょうか」

価格交渉で重要なことは「タダでは引き下がらない」こと。

そして、一番よくないのが値下げしっぱなしにすること。お客様と良好で継続的な関係をつくるのであれば、相互に気持ちよく仕事ができる関係が必要です。値下げに応じたときは何か引き替えになる条件をもらいましょう。

POINT

値引きを自分のメリットにもつながるように使えていますか？

NUMBER

14

テクニック9.
接触頻度5回の法則

だめじゃん

訪問先に趣旨を忘れられている

まずは基礎

訪問先へ趣旨の確認を送ることができる

やるじゃん。

訪問先と何度かコミュニケーションが取れている

ベテラン営業マンの多くは、「お客様と5回コンタクトしたあたりから感触が変わる」と、口をそろえて言います。

これは、**接触する頻度が多くなるほど相手に対して好意を持ちやすくなる**というザイアンスの法則として知られ、マーケティングや営業ではよく活用されています。

この手法が使われるケースとしてよく知られているのは、ホームページからの資料請求です。だいたいどこの会社のホームページでも、資料請求するとすぐにお礼のメールが届きます。

その後、郵送で資料が届く頃に「資料をお送りいたしましたが届きましたでしょうか」と確認のメールが送られてきます。

しばらくすると、メルマガで無料セミナーや展示会のご招待という案内が送られてくるようになります。この無料セミナーや展示会の案内には、商品やサービスの無料体験ができるといった参加特典が書かれています。

こうして、資料請求した人にメルマガを送り、それを読んだ人を誘導していくのが最近のマーケティングの手法なのです。

では、**営業の初回訪問でザイアンスの法則を活用するにはどうしたらよいでしょうか。**

それには、電話アポイントをとってから初回訪問するまでの間に、電話やメールなどで数回の連絡をとっておくことです。このようにお客様に負担にならないように意図して接触をすることで、訪問時に好意的な態度で接してもらえる確度が高くなります。

ただし、ザイアンスの法則には、落とし穴があります。人は、売り込まれれば売り込まれるほど嫌になっていくということです。ECサイトで買い物をしたことがある人なら、毎日のようにメールが届いてうっとおしい思いをしたという経験は誰もがしているはずです。同じようにお客様に嫌な感じを与えないよう、留意しましょう。

ザイアンスの法則で効果があるのは、何度も見たり、聞いたりする単純接触だと定義されています。こうした法則は、よく考えて使ってください。

POINT

ザイアンスの法則を適切に使えていますか？

CONTENTS

NUMBER 1 → NUMBER 5

CHAPTER 4

営業のNGポイント5つ

NUMBER 1

お願いしない

だめじゃん

売上のために、頭を下げる

まずは基礎

売上のために、お客様の課題を解決できる提案を考える

やるじゃん。

売上のために、より実現性の高い営業計画を自ら考え、動いている

むかしむかし、**ある上場企業に「そこをなんとかの山さん」と言われる営業部長さんがいました。**山さんの仕事は、部下が失注してしまうとお客様のところに行って頭を下げることでした。

「そこをなんとか、そこをなんとか、お願いします」と頭を下げて、注文書をもらうまで帰らなかったそうです。

山さんは、その結果が認められてその後、営業の取締役にまでなったそうです。めでたし、めでたし。

昔話のようですが、バブル時代に本当にあったエピソードです。当時は、こうしたゴリ押し営業が許されたのでしょう。

ここまでのことはなくても、お客様に「契約いただけませんか」「何か仕事ありませんか」「何でもやります」といったセリフを口にする営業マンはよくいます。

しかし、**現在の営業の現場では、このようなお願い営業でもなかなか契約はとれません。**

営業をやっていると、一度は陥るのがスランプ。こんなときには「お願いしたら契約取れないかな?」と思ってしまうもの。しかしお客様からしてみれば、売上が大変なのは理解しても、「頼まれたって要らないものは要らない」のが本心です。

仮に、お客様に商品やサービスを押し込むように無理やりに売りつけても、継続的な取引ができるとは思えません。自分が売った商品が使われずにホコリをかぶっていたら、何のために営業をやっているのかわかりません。売りつけられたお客様は、「また、あなたから買おう」と思うでしょうか。

そもそも、クロージングの段階でお客様に頭を下げてお願いする状況というのが、営業的にはNGです。言い換えれば、お客様の課題を解決できる提案ができていないことになります。お客様は、**自社の課題を解決できる提案に対して価値を感じるのであって、営業マンが下げる頭には何の価値も感じない**のです。

もちろん、やってもよいお願いもあります。

「値引きの条件であった事例取材をさせてください」「発注条件が決まったので早く注文書を出してください」といった依頼です。これは、お客様との正当な交渉であって、お願い営業ではありません。

お客様と営業マンは、あくまで対等な立場であることを忘れてはいけません。

POINT

お客様と対等な関係を持てていますか？

NUMBER

2

売れない理由を自分で決めない

だめじゃん

売上が足りない理由は、自分のせいじゃない

まずは基礎

売上が足りない理由は、自分の中にある

やるじゃん。

売上が足りない理由を、具体的に改善できる

会社から数字を任されるようになって、無我夢中で営業をしていると、なぜかわからないうちに成績が上がっていることがあります。

これは、**ビギナーズラックといって、ずっと続くものではありません。**仕事に慣れた頃になると「あれ、なんだか結果が出ない」と思うようになりますが、**営業を始めた人なら、ほとんど誰もが経験すること**です。

「習ったとおりのセールストークで商談はしている」「訪問件数も少ないわけではない」「でも、なぜか数字が上がらない」。これを営業のスランプといいます。問題はこの先なのです。

リストが悪いから……
業界の景気が悪いから……
テリトリーが悪いから……
天気が悪いから……

トークスクリプトが悪いから……
担当している商品が悪いから……
上司の教え方が悪いから……
会社が悪いから……

こうした考えが、頭の中を埋め尽くしてしまいます。

営業で壁にぶつかると、いろいろと売れない理由をつくるものです。しかし、あなた以外の営業マンも同じ装備で同じ場所で戦っているのですから、そうした理由は言い訳にはなりません。

例えば、ニッパチ（2月、8月）は売れないといわれています。2月は寒く、8月は暑いので購買意欲が下がるというのがその理由です。しかし実際は、チョコレートは年間で2月がもっとも売れますし、アイスやビールの消費量は8月が高いのは誰でもわかることです。

また、本当に2月、8月の売上が下がるのであれば、前後の月に頑張って、四半期できちんと帳尻が合うようにすればいいだけのことです。

ここは、いったん冷静になって考えましょう。数字が上がらなくなったときは、あなた自身を適切に改善すれば、だいたいの場合改善します。まずは、自分の営業の質と量が悪くなっていないかを確認しましょう。

テレアポの件数が減っていないか、行きやすいお客様に訪問が偏ってないか……。

売上は、「自分自身がどこにどれだけ力を入れているか」ということを、想像している以上に反映するものなのです。

POINT

売上の低さを他人のせいにせず、
自分で改善の方法を見つけられますか？

CHAPTER 4

NUMBER
3

他社を悪く言わない

だめじゃん
他社の悪口を言ってしまう

まずは基礎
他社のことには一切口出しをしない

やるじゃん。
他社の苦境から学び、自社の営業に活かせる

「ここだけの話、あの会社は今ヤバイらしいですよ」

競合他社を蹴落としたいがために、商談でついつい言ってしまいがちな他社の悪口。しかし、これはＮＧ。**絶対に心にしまっておいてください。**自社の優位性を伝えるどころか、かえって逆効果になります。特に新人のうちは、明るく元気でさわやかな言動でお客様と仲よくなり、信頼関係を築くことが大切です。

他社の悪口を言ったり、**誰かへの不平不満を口にしたりするような営業マンは、お客様を「陰で自分のことも悪く言っているのではないか」と疑心暗鬼にさせてしまいます。**お客様がそんな営業マンや会社と付き合おうと思うでしょうか。それで気持ちよく取引をしていけると思うでしょうか。もちろん答えはＮＯです。

時には競合他社が、不祥事やリコール隠しなどで世論の集中砲火を浴びせられるケースがあります。

実は、ここが営業マンの情報力の見せどころ。ここぞとばかりに他社の悪口を言うのではなく、お客様にとって有益なネタを提供しましょう。

説得力があるのは、「最近、業界でもいろいろと注目を浴びる事件がありますが、弊社ではいち早くこうした問題に対して取り組んでいます」といった最新情報です。こうした**最新のトピックをピックアップして説明することで、「よくわかっている営業マン」と印象づけることもできる**はずです。

もちろん、直接その話題について聞かれることもありますが、そんなときのベストな対応は、「すでに流れている情報しか知らないので、実際のところはどうですかね」といって流すこと。話に乗ってはいけません。

このように、クロージングの段階では、競合他社をおとしめる話題ではなく、お客様にとって有益なネタを話してほしいのです。**お客様が購入を決めるために背中**

をそっとあと押しする、そういった情報をつねに集めておくことが必要です。

POINT

いい情報を相手に与えられる営業マンになれていますか？

CHAPTER 4

NUMBER

4

安易な値引きをしない

だめじゃん

値引きで売れればいい、と思っている

まずは基礎

値引きのデメリットを理解している

やるじゃん。

値引きなしで相手といい関係を結べる

「会社から2割まで引いていいと言われているので、ぜひご検討ください」

これは、とある会社の営業マンと同行した際に、彼が使っていたセールストークです。

新人営業マンが陥りやすいのが「安くしてでも受注をとりたい」という考えです。競合他社が同じ商品やサービスを安く売っているのであれば仕方がありませんが、それでも**最初から値引きを売りにするのはよくありません。**

営業マンがお客様から値引きの要求をされるのは、自社の商品やサービスの価値をうまく伝えられていないからです。つまり、安くしないと価値がないと相手に思われてしまっているのです。加えて**一度値引きをして販売することを覚えてしまうと、値引きに頼った安易な売り方になってしまいます。**

値引きが自分を苦しめるワケ

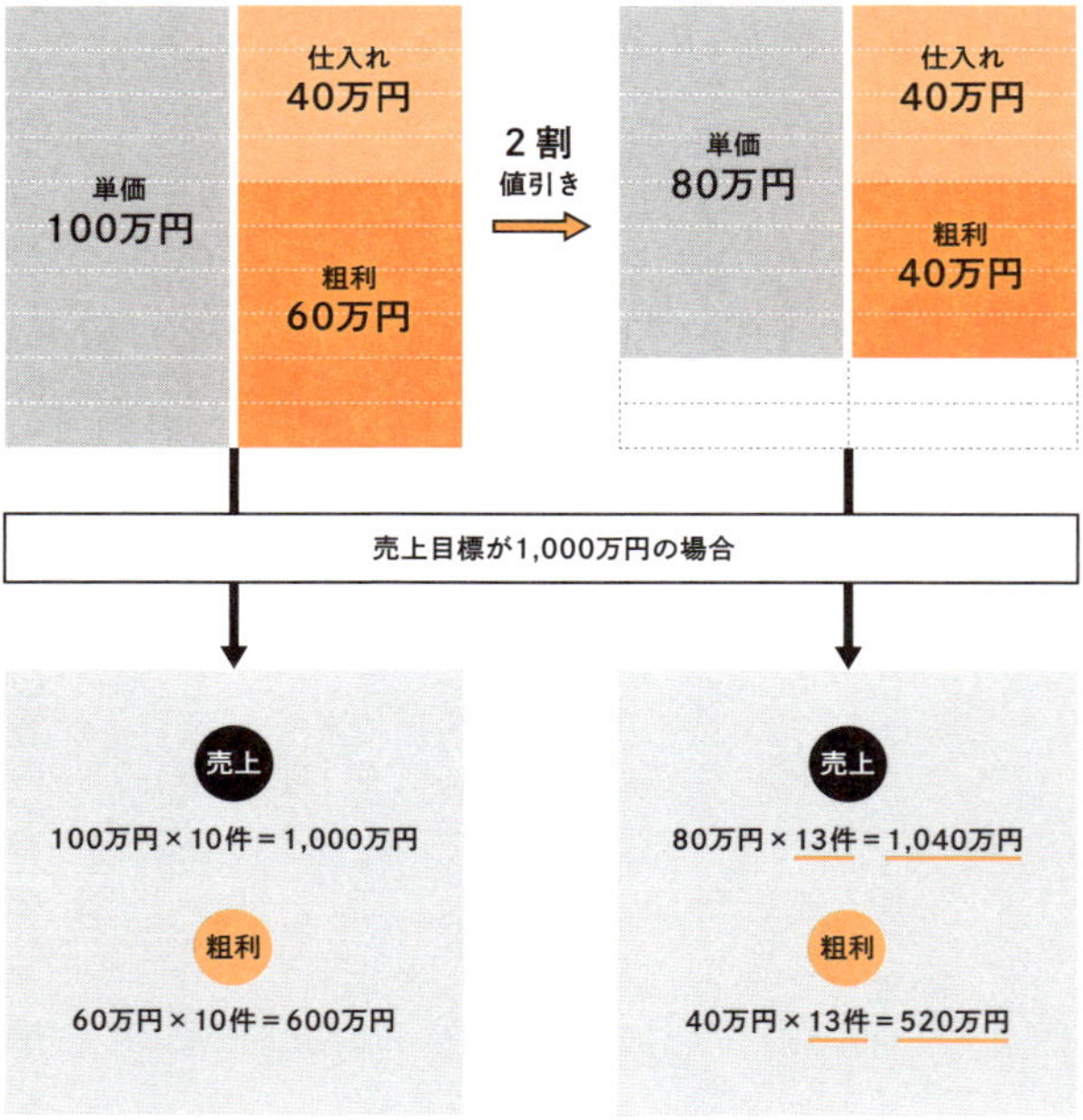

人件費の源泉となる粗利を同じ金額の600万円分稼ぐには、
60万円＝40万円×1.5
なんと、1.5倍の仕事をする必要がある！

こうした安易な値引きに頼る営業方法は非常に危険です。

なぜ、単純に値引いてはいけないのでしょうか？

実は、**2割引いたら2割多く売ればいいというわけではなく、実は値引いた以上に、たくさん売らなければならなくなる**のです。

例えば、ここに単価が１００万円の商品があります。この商品は、粗利が60万円、原価が40万円です。あなたの売上目標は１０００万円です。

①月間目標が１０００万円のとき、定価で販売すると

１０００万円÷１００万円＝10件

この場合、月間に10件の販売が必要になります。

定価で販売したときの粗利

60万円×10件＝６００万円

②月間目標が1000万円のときに2割引で販売した場合

1000万円÷80万円＝12・5件

この場合、月間に13件の販売が必要になります。

2割値引いたときの粗利

40万円×13件＝520万円

粗利も当初の目標額を確保しようとする場合

600万円÷40万円＝15件

つまり1・5倍売らなくてはならないのです。

もちろん、これは説明上、計算を単純化しているので、あなたの会社がこのままあてはまるわけではありません。ですが、同じ金額の給料を稼ぐために、値引きがいかに大変なことになるかは知っておいて損はありません。

実は、お客様からしても値引きはいいことがありません。なぜなら、何かあったときに「安く買ったから仕方がない」と考えてしまうからです。

さらに、品質は変わらない商品でも、クオリティに敏感な企業であれば「薄利多売の会社だからアフターサービスが悪いはず。今度はあの会社から買うのをやめよう」という判断をされてしまうこともあります。

そうならないためにも、極端な値引きはお互いにメリットがないことを理解してもらう必要があります。値引き交渉にばかり話がいかないように商談を進めることが重要なのです。

POINT

値段ではない価値を相手に与えられていますか？

CHAPTER 4

NUMBER

5

「間違ったポジティブシンキング」をしない

だめじゃん

うまくいかないのはたまたまだ

まずは基礎

うまくいかない理由を見つけられている

苦境をうまくいくためのきっかけにできる

やるじゃん。

「たまたま運が悪かった」と考えるのはポジティブシンキングではありません。

商談がなぜうまくいかなかったのか、きちんと受けとめて考える必要があります。商談がうまくいかないときこそ、気持ちを切り替え、次に成功をつかむための糧として向き合いましょう。

「たまたま時期が悪かったのだ」「業績の悪いお客様にあたってしまった」といった思考は、言い訳や開き直りのようなものであり、自分を成長させる思考ではありません。これは、ポジティブシンキングではないのです。

真のポジティブシンキングとは、失敗に学び、活かす方法を考えることです。できる営業マンが実践しているポジティブシンキングは、言いわけとは違い、プラス思考と言い換えられるものです。

例えば、靴を履かない文化・習慣の地域では、靴は売れないと考えることが妥当でしょう。しかし、視点を変えれば、誰も履いていないからこそ、そこに大きなビジネスチャンスがあると捉えることができます。

ただし、プラス思考の見極めも肝心。どうあがいても厳しい状況なら、撤退する勇気も大切です。費用対効果を考え、見込みのある他の地域に注力するための撤退であれば、それもひとつの戦略かもしれません。

私が営業マン2年目のときに、自社が競合他社に買収されたことがありました。信頼をしていた上司や仲のよかった先輩たちは、次々とある競合他社に転職してしまい、なんと私だけが新たな上司のもとで仕事を続けることになったのです。

買収でお客様が買い控えている、販売体制が変わってしまったといったネガティブな感情が頭を渦巻き、ついには営業成績が低迷してしまいました。

そんなある日、かつての上司に相談すると、こう言われたのです。

「なんのために、この仕事をしているの？」

この一言には、はっとさせられました。思い返せば、上司や先輩の協力でたまたま売上げがあがっていたのを実力だと思い込み慢心していたのです。まず現実を受け入れ、新たなチャレンジができるという状況で、真剣にお客様に向き合うことにしました。すると、低迷していた営業成績が戻り始めたのです。

POINT

プラス思考の意味がわかっていますか？

CONTENTS

NUMBER 1 → NUMBER 6

CHAPTER

5

営業中の「困った！」を解決！

CHAPTER 5

NUMBER 1

自分の目標を見直そう

だめじゃん

いくら売れるのかなんてわからない

まずは基礎

いくら売れればいいのかが計算できる

売れない場合を考え、売上の貯金がつくれる

やるじゃん。

営業マンは、自ら営業力を上げていかなくてはなりません。そのためには、営業の質と量について目標値をつくって改善していく必要があります。ここでは、最初につくった数値目標である「営業の量」の部分についてどうやって見直していくかを説明していきたいと思います。

営業も半年、1年となっていけば、会社からも戦力として、それなりの売上を期待されるようになります。上司からは、「来月、いくら売れそうだ」などと聞かれる機会も増えてきます。そんなときもただ「がんばります」と言うだけでなく、具体的な数字をあげられるよう、今から**自己目標の精度を高くする習慣**を身につけておきましょう。

目標値の見直し方ですが、まず仮設定した数値と実態が合っているか確認してみましょう。仮設定した営業の数値は、売上目標からつくった「成約件数」「商談件数」「アプローチ件数」です。最初につくったこの数値が、次のような数字だったとします。

商品の平均販売額が200万円で、月の売上予算が1000万円のとき、
受注目標……5件／月
商談目標……25件／月
電話によるアプローチ目標……833件／月

こうして仮に決めた自分の目標数値に対して、結果と比較してみます。

過去、3ヶ月の平均実績
受注実績……5件／月
商談実績……20件／月
電話によるアプローチ実績……750件／月

比べてみると、月間の行動目標で決めたテレアポと商談数が、実際に見込んでいた件数より少なくても販売目標に達しています。つまりこれは、目標値よりテレアポの効率がいいということになります。ここで他の営業と比べて数字に違いがないかを確認します。商談実績が同じで受注実績数が少ないのであれば、商談がうまくいっていないということになります。受注実績が目標を下回っているのであれば、商談件数を増やすか商談のやり方を改善する必要があります。

次に目標値を上げる方法について説明しましょう。数値目標を10％上げて毎月１１００万円売るには、どうしたらよいでしょうか。ここで、売上の方程式を思い出してください。

売上＝単価×客数×頻度

売上を10％上げて１１００万円にするには、平均販売単価を10％増やせば、商談数が同じ件数でも可能になります。

もうひとつの方法は、客数であるアプローチ件数を10％増やすことです。つまり、

営業の「量」の目標を見直してみる

	営業開始時の仮目標 目標	実際の実績 平均実績	実績から10%アップした目標 見直した数値
電話アプローチ件数	833件	750件 →（目標を10%up）	825件
商談件数	25件	20件	22件
受注件数	5件	5件	5.5件

量の目標値を上げるときは、
実際に自分にできる量かを確認すること！

受注目標件数……5・5件／月

商談目標件数……22件／月

電話によるアプローチ目標件数……825件／月

電話アプローチ件数を月に75件、1日に換算すると約4件増やすことになります。

どうでしょうか、1日に4件ならできそうな感じがしませんか。

「もうひと頑張り」を積み重ねていくと、1年で大きな差になるのです。

POINT

計画性を持った仕事ができていますか？

CHAPTER 5

NUMBER

2

自分のやり方を見直そう

だめじゃん

自分の営業にダメなところはない

まずは基礎

自分の営業の効率性を数値化できる

やるじゃん。

営業の効率性を見て、数値を修正できる

営業は、常にやり方を変えていかなくてはいけません。

前項で「営業の量」を見直すことを説明しました。営業の量だけ見直しても、質が悪いままでは大変なだけです。次は、「営業の質」の部分について見ていきましょう。

最初に設定した数値の「確率」の部分を見直してみましょう。ここでいう確率とは、コンバージョンともいい、お客様が商談の次のステージに移行する割合です。営業を始めた頃に決めたコンバージョンと実態が合っているか確認しましょう。最初に決めたのは、「受注確率」「アポ獲得確率」です。

最初につくった数値が、次のような数字だったとします。

商品の平均販売額が２００万円で、月の売上予算が１０００万円のとき

受注目標……5件／月

商談目標……25件／月

電話によるアプローチ目標……833件／月

このときに仮に設定したコンバージョンは、受注確率20％、アポ獲得確率3％となります。過去3ヶ月の平均実績を見てみると、

受注実績……5件／月

商談実績……20件／月

電話によるアプローチ実績……750件／月

つまり計算をしてみると受注率25％、アポ獲得率2・7％になります。

ここでまた、社内の他の営業の数値と比べてみましょう。商談実績が少なくて、受注実績数が多いのであれば、商談がうまくいっているということになります。しかし、アポイント獲得率が下回っているのであれば、テレアポがうまくいっていないことがわかります。

営業の「質」の目標を見直してみる

	営業開始時の仮目標 目標	実際の実績 平均実績	アポ獲得率を10%アップした目標 見直した数値
電話アプローチ件数	833件	750件	750件
商談件数	25件	20件	22.5件
受注件数	5件	5件	5.6件

アポ獲得率 2.7%

10%up

アポ獲得率 3%

質の目標値を上げるときは、
営業のやり方を確認すること！

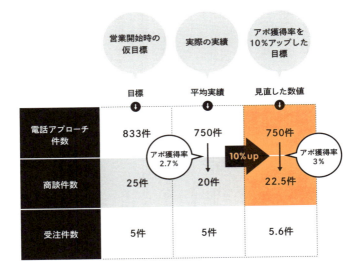

例えば、電話によるアプローチ。リストやトークスクリプトを精査してアポ率を２・７％から３％にしたらどうなるのでしょうか。

７５０件×３％＝22・５件

なんと月に20件だった商談件数が、22件になります。成約率が25％なら、もう１件受注を増やせる可能性があります。

営業のやり方を変えなくとも、行動する量を増やすことで数字を上げることはできます。しかし、行動量を増やすのには限界があります。営業の質と量の両方を改善していくことで、はじめて成約件数を増やし、売上を上げていくことが可能なのです。

では、この数字のとおりに営業の質を上げるにはどうしたらよいのでしょうか。

営業の質を上げるためには、小さくＰＤＣＡをまわすことが必要です。お客様の反応が悪かったからといって、それまでのやり方をやみくもに捨ててはいけません。

特に目標数値のとおりにいかなかったのは何が問題だったのかをチェックして修正していくことが大切です。

原因は営業トークなのか、印象が悪かったからなのか。小さくPDCAをまわすことによって、早く修正できて、早く結果が出ます。

POINT

営業プロセスのどの数値を上げればいいのか、目標から算出できていますか？

CHAPTER 5

NUMBER 3

お客様に聞いてみよう

だめじゃん
「営業の強み」がどこにあるのかわからない

まずは基礎
「会社の掲げる強み」を営業に使える

やるじゃん。
「お客様の生の声」を営業に使える

営業トークで必要なことは、自社の「強み」を語ること。

なぜなら、あなたの会社の「強み」は、お客様があなたの会社の商品やサービスを買う理由になるからです。

パンフレットや商品カタログに書かれている「強み」をセールストークで使ってみて、売上が伸びないと感じたら、トークを見直す必要があります。

デキる営業マンほど、自社の「強み」を既存客からさりげなく聞き出して、セールストークで活用しています。

あなたは、自社の商品をなぜ買ったか、お客様に聞いたことがありますか。

実際にあなたの会社の商品やサービスを使っているお客様に対して、**「なぜ当社を選んだのか」を聞いてみると、既存客しか知らないセールスポイントが出てきます。**こうした情報は、これから提案するお客様にとって有用な情報になる場合があります。

「カタログ上では重点ポイントとして訴求していないけど、A社で褒められたからB社で説明してみよう」と動いてみると、「客の立場・ニーズをよくわかっているね！　そんな解決法を求めていたんだよ！」となることはよくあります。

お客様の生の声を聞くことで、自覚していなかった強みを知ったり、逆に強みと思っていたことが意外に、強みとは言えなかったことに気づいたりなど、これからの営業活動における提案内容をブラッシュアップさせるのに役立つ、いくつもの貴重な要素に出会うことができます。

POINT

営業活動をつねにブラッシュアップできていますか？

CHAPTER 5

NUMBER

4

過去のお客様を見直そう

だめじゃん

断られたお客様には二度と行かない

まずは基礎

断られたお客様には二度以上行く

やるじゃん。

断られたお客様にも、常に連絡をとっている

商談の不成立が続いても忘れてならないのが、**トップの営業マンも、実はたくさん断られているということ**。46ページでも述べたとおり、一度断られても「あの客にはもう売れない」と決めつけたりせず、「また何か新しい商品があったらぜひ紹介させてください」と継続的にコンタクトができる関係をつくっていくことが大切です。

粘り強くアプローチして、時には紹介する商品を変えていけば、いつかは「今は難しいが半年先なら」といった話をもらえるかもしれません。

実際に、「今は不要」と断られたアプローチ先の8割が、2年以内に競合他社の商品を買っているというデータもあります（米国の調査会社シリウスディシジョン調べ）。

準見込客にはコストや手間をかけず、定期的に薄くフォローを続けることが必要です。しかし、ここで理解しておくべきなのは、同じものを同じように提案し続けても意味がないということ。

タイミングを見計らいながら、その時々でベストな提案をしていきましょう。

また、会社にある見込みなしリストを見つけたら、試しにアプローチしてみましょう。それは、眠れる宝の山かもしれません。

「その後どうですか？」と連絡をとれば、「必要になった」「担当者と方針が変わった」など、斬り込むチャンスに巡りあえることもあるのです。

過去に私がいた会社でリストはないかと確認したところ、テレマーケティングの会社に過去に一度電話して断られた４５７件のリストがありました。このリストに私が再び電話をしたところ、22件のアポイントがとれたことがあります。さらにその22件に訪問したところ、2件成約することができました。

以前に断られたからといっても、再びアプローチをすれば、成約につながることもあるのです。

POINT

継続的なアプローチができていますか？

NUMBER

5

新規開拓をしてみよう

だめじゃん

新規開拓はやりたくない

まずは基礎

新規開拓でテレアポをしている

やるじゃん。

新規開拓の方法にバリエーションを持っている

新規開拓の方法は、ひとつではありません。

ある有名なマーケッターは、「**30人を集めるひとつの方法は知らないが、ひとりを集める30の方法は知っている**」と言っています。

代表的な新規開拓の方法といえばテレアポ、電話営業です。他にも、飛びこみ営業やセミナー、展示会、ＷＥＢ広告、ダイレクトメール、ＦＡＸＤＭ、チラシ、ポスティング、Ｅメールといったさまざまなルートがあります。

業種・業態によって、こうした新規開拓方法が合う場合と合わない場合がありま す。組み合わせて使うことで効果が得られることもありますので、選択肢のひとつとして覚えておいてもいいでしょう。

①飛びこみ営業

その名のとおり、ビル内すべての企業へアプローチする営業方法です。どの企業でも使える商品を扱う会社でよく行っている方法です。体力的に大変ですが、名刺交換ができることや、顔を覚えてもらえることなどのメリットがあります。

②ダイレクトメール、FAXDM

メリットは一度に大量のアプローチができること。ただし、ある程度の予算が必要なことと、「センミツ」といわれ、１０００件送って３件以下しか反応がないことが難点です。電話営業と組み合わせることで反応率を上げることができます。

③セミナー、展示会

セミナーは、会社に広めの会議室があって集客ができれば有効です。会社のホームページや、セミナー告知サイトを使い集客をします。あなたの会社が展示会に出展する機会があれば、新人営業マンでも一気にたくさんの名刺を集めるチャンスです。展示会によっては、ブースに数日で１０００人以上集まることもあります。

④異業種交流会、ビジネスマッチング

これらも新規開拓の方法として使うことができます。ただし、競合他社も利用しているので、こうしたサービスを利用する場合は、精査が必要です。

⑤紹介

既存のお客様や仕入れ先からの紹介などもあります。この方法は普段から良好な関係を築いておかないとできませんが、紹介は購入につながる可能性が高いので、「紹介してもらいたい人がいる」と思いきってお願いしてみるのも手です。

POINT

新規開拓のために行動ができていますか？

CHAPTER 5

NUMBER

6

いい関係を長く続けるには？

だめじゃん

売ったらそれきり、二度と会っていない

まずは基礎

売った後にも訪問をしている

やるじゃん。

販売後に、次の商談への道をつくり続けている

商談成立後から、本当のお客様との関係が始まります。

ビジネスはお客様あってこそ。大切なお客様と長く付き合える会社でいたいものです。「接触頻度5回の法則」（172ページ）で紹介したように、接触頻度が上がるほど信頼感が高まりますが、商談がまとまったからといって安心せず過信せず、売れる前と同じようにお客さんと付き合っていきましょう。

大切なのは、信頼関係をより強固なものにしながら、お客様をもっとハッピーにしていこうという発想です。

営業の仕事は「売れたら終わり」ではありません。「契約が取れたから、あとは経理に任せた！」「納品できたからあとはカスタマーサポートに頼んだ！」と丸投げしてしまうのではなく、**末永くあらゆる窓口としてお客様と向き合うことが大切**です。どんなに些細なことでも、困ったらすぐに連絡したくなる存在、ちょっと不安になって連絡するとすぐに助けてくれる存在。新人営業マンのみなさんもぜひ、そんな頼れる営業マンになりましょう。

追加購入に向けた今後の計画をヒアリングすることこそが、つきあいというものです。営業マンである以上、提案先の動向や関連する市場動向に対する情報取集に努めながら、何かあれば逐一提案する積極性が求められます。タイムリーな提案は、お客様に寄り添って成長を支えていこうとする意識の体現にもなります。

そして、**営業マンは「動く会社案内」でも「動く商品パンフレット」でもありません。**どんなにインターネットが普及して、簡単に情報へアクセスできる世の中になっても、営業がひとつの職種として確立されているのは、商談が心をもった人間同士の信頼関係の上で成り立つものだからです。

営業には、**「フットワーク」や「ヘッドワーク」が求められますが、「ハートワーク」も決して忘れてはいけません。**みなさんにも、継続的なお付き合いをしていく中で、顧客志向で信頼関係を築き、選ばれ、頼られる存在になってほしいと思います。

POINT

全てはお客様主体で、営業の業務を考えられていますか？

YARUJAN BOOKS

やるじゃん。

社会人1年目からの　1歩差がつく

営業㊙セオリー

発行日　2016年6月15日　第1刷

Author　小幡英司

Art Director　北田進吾
Book Designer　北田進吾、佐藤江里（キタダデザイン）
Illustrator　花くまゆうさく

Publication　株式会社ディスカヴァー・トゥエンティワン
〒102-0093　東京都千代田区平河町2-16-1
平河町森タワー11F
TEL　03-3237-8321（代表）
FAX　03-3237-8323
http://www.d21.co.jp

Publisher　干場弓子
Editor　塔下太朗

Marketing Group Staff　小田孝文　中澤泰宏　吉澤道子　井筒浩　小関勝則　千葉潤子　飯田智樹　佐藤昌幸　谷口奈緒美　山中麻吏　西川なつか　古矢薫　米山健一　原大士　郭迪　松原史与志　中村郁子　蛯原昇　安永智洋　鍋田匠伴　榊原僚　佐竹祐哉　廣内悠理　伊東佑真　梅本翔太　奥田千晶　田中姫菜　橋本莉奈　川島理　倉田華　牧野類　渡辺基志　庄司知世　谷中卓
Assistant Staff　俵敬子　町田加奈子　丸山香織　小林里美　井澤徳子　藤井多穂子　藤井かおり　葛目美枝子　竹内恵子　伊藤香　常徳すみ　イエン・サムハマ　鈴木洋子　松下史　永井明日佳　片桐麻季　板野千広

Operation Group Staff　松尾幸政　田中亜紀　福永友紀　杉田彰子　安達情未
Productive Group Staff　藤田浩芳　千葉正幸　原典宏　林秀樹　三谷祐一　石橋和佳　大山聡子　大竹朝子　堀部直人　井上慎平　林拓馬　松石悠　木下智尋　鄧佩妍　李瑋玲

Proofreader　株式会社鷗来堂
DTP　ISSHIKI
図版作成　キタダデザイン
Printing　大日本印刷株式会社

ISBN978-4-7993-1911-6

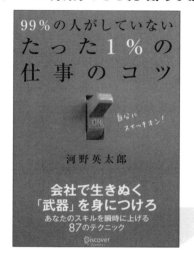